邱鉴波/著

砚明正身——古砚辨识与鉴赏

上海大学出版社

图书在版编目（CIP）数据

砚明正身：古砚辨识与鉴赏/邱鉴波著. —上海：上海大学出版社，2011.5

ISBN 978-7-81118-744-1

I.①砚… II.①邱… III.①古砚-鉴赏-中国 IV.①K875.42

中国版本图书馆CIP数据核字（2011）第035089号

责任编辑/黄晓彦　封面设计/柯国富

砚明正身——古砚辨识与鉴赏

邱鉴波/著

上海大学出版社出版

（上海市上大路99号，邮政编码200444）

http://www.shangdapress.com

出版人：郭纯生

上海华业装潢印刷厂印刷　新华书店上海发行所发行

2011年5月第1版　2011年5月第1次印刷

开本：889×1194　1/32　印张：5.5

印数：001-4100

ISBN 978-7-81118-744-1/K·087

定价：36.00元

发行热线：（021）66135112　66135110

砚中精华——中国古代文人砚（代序）

中国历史悠久、文化深厚，在五千多年的岁月中，创造并积淀了举世瞩目的中华文明。曾经承托起这历史与文化辉煌的基石，其中之一，就是数千年间在文化人的生活和工作中占据着显赫位置的砚台。

中国古代的砚台，进入到唐、宋以后，随着端、歙、洮等名砚出现，就有了专门用于进贡朝廷的"贡砚"，"贡砚"又转而成为皇帝御赐大臣（主要是翰林院的高级史官）的"恩物"——"赐砚"。拥有一方"赐砚"或一两方美砚，在古代的达官文人中成了显示身份与地位的标志。他们很自然地在砚上刻铭记事、赋诗题名，以示尊贵，亦显风骚，并开始成为一种时尚。这就是我们所说的"文人砚"的发轫。受此影响，凡拥有一方佳砚的文人，都难免效而仿之。流风所及，千载而下，直至于今。我们所说的"文人砚"，正是特指这一类由历史上的文化人（包括皇帝——天下文化人的"总管"，达官——文化人中学而优则仕者）使用过，并留下铭记，流传有绪，经得起品藻鉴评的珍贵砚台。这绝不同于市井商贾记账埋单用的以及童稚启蒙、村夫认字用的砚台——这两者之间有着先天的文化层面上的区别。

中国古代文人砚，从萌生之日起，就以丰富的文化内涵而卓然特立。经过千百年时光的淘洗，已成为了一个独特的文化符号。人们将会愈来愈深刻地认识到，在文房四宝之中，砚的身价潜力巨大，其蕴含的历史价值、文化价值、艺术价值、收藏价值，将会愈来愈彰显。

第一是历史价值。中国古代文人砚，作为一种特有的文化工具和载体，它容纳着所产生时代的十分丰富的信息。举凡当时的政治、经济、文化，以及工艺、时尚，甚至人们的追求向往、人际关系，都可以在某一方砚台中透过它的材质、形制、纹饰、铭文，找到解答的密码。如书中介绍的"宋·向敏中铭仿未央宫砖洮河砚"，我们就可以通过对砚台材质的

分析和铭款的研究，以及该砚成熟大气的形制工艺，推断出洮河砚的石材开采及制作，早于宋代之前甚至更早的年代就已出现。因其硕大厚重的砚形，迥异于唐、宋流行的箕形砚、抄手砚，我们又可以猜想：这是不是一个特例？倘作深入研究，我们很有可能通过这样一方名人刻铭之砚，为砚史介绍中语焉不详的洮河砚，作出一项填空补白的史证。

第二是文化价值。中国古代文人砚，作为中国文人尤其是很多有地位有身份有成就的大文人生前的至爱，早已融入了他们太多的精神和心血，注入了他们对当时文化潮流的把握和参与，渗入了他们的文采与风流。一砚之制，一铭之刻，都蕴含着他们的感情和愿景。我们今日抚摸冰凉的砚台，似乎还能够触及到他们当时的心跳和脉动，并透过他们的文字，直击当时的文化背景和文人的生存状态。我们且看书中介绍的"清·邓石如墨池龙砚"，看一看砚面上精心琢出的高古的鹰嘴龙，再读一读砚背的铭文"翻起墨池龙，惊动文林事"，就会理解作为当时开"皖派"篆刻先河和有清一代碑学之宗的邓石如，其凌铄八方的胸襟与气度，那种文化重镇的自负和担戴，真可以说是透砚而出，至今尚凛凛逼人。

第三是艺术价值。书中介绍的中国古代文人砚，大多形制规整而又丰富多样，包罗了唐宋以降各个时期的众多样式，且大多纹饰精美、雕琢精工，并都留有铭款。作为当时文房的重要工具，它们无疑地都具有"发墨益毫"、让使用者心旷神怡的实用价值。而因为它们大多是上层文人"一日相亲，终生为伴"的书房挚友，反映着砚主的身份地位和修养好尚，因而独特的纹饰、极致的雕工、别出心裁富有个性的铭款，都使一方方砚台各自成为一件精美的艺术品，在使用价值之外又平添了特殊的美学欣赏价值，传至今日则更彰显出让人目为之迷的艺术丰采。如书中介绍的"清·汪昉古松双鹤砚"，其砚材本身已经是极佳的端溪美石，具有精美的鸲鹆眼、金线、翡翠斑等名贵石品，更兼工匠出神入化、精细入微的镌凿之功，多种镌刻手段集于一砚，使砚上之松鹤、流云、山石、岩阿惟妙惟肖、栩栩如生，全砚宛如一幅立体的山水画，让人赞叹不已。

第四是收藏价值。中国古代文人砚，历经唐、宋、元、明、清一千多年时光，其间改朝换代，战火劫难，家族兴衰，文化更替，流离宠辱，或玉石俱焚，或身首异处，或入于土，或沉于水，遗存于世上而又品相完好的，已是百不存一，其赖以存在的空间也越来越狭窄，其数量也只会越来越少。随着中华文明的伟大复兴，社会经济的高速发展，中国在国际上地位的提高，中国历史上曾经光彩夺目的文化艺术品已经引起了世人的高度关注和重视。古代书画、陶瓷、金银器、玉器、名木家具，以及文房用品中的精美名贵的竹木牙角笔筒，都已成为收藏家掌中的新宠和拍卖会上的新贵。中国古代文人砚的收藏（经济）价值亦正开始浮出水面，"西泠"等大型拍卖公司先后推出的中国古代名砚拍卖专场及令人振奋的成交纪录，就透出了古砚收藏的"春天的信息"。我们可以毫不夸张地说，中国古代文人砚的收藏经济潜力是十分巨大的。这一点应该毋庸置疑。

收藏中国古代文人砚，更可以让我们潜泳于砚的长河之中，结识历代的砚人，了解历来的砚事，从中获得修身养心、陶冶情操。一旦与砚为友，可谓其乐无穷也！

其乐之一：中国古代文人砚作为文房瑰宝，是中国古代文人的至爱，有"美人之镜，文人之砚"、"武士爱剑，文士爱砚"的口碑。使用、欣赏、收藏名砚、佳砚，早就是历代文人的一大爱好。唐代的褚遂良、柳公权，宋代的苏轼、米芾、高似孙，元代的赵孟頫，明代的文徵明、项元汴，清代的林佶、余甸、黄任、纪昀、高凤翰，他们中很多是大诗人、大文人。他们原来珍藏的宝砚——显赫的"文人砚"，流传到现在的都成了稀世之珍。我们手捧一方古砚，可以与古人晤谈终日，如饮醇酒，如品佳茗，如对花晨，如坐月夕。乐，在其中矣！

其乐之二：中国古代的文人对朝夕与共的砚台情有独钟，在砚台上刻铭题名，吟诗作画，撰联勒字，甚至满刻前贤的著名文赋，寄托自己的深切情怀，几乎成了他们的"专利"，也从而使古砚如碑，渗透了文脉，承载着沧桑。还有不少对砚台深有研究的著名文士，编写了一本又一本的砚史、砚谱，诸如柳公权的《论砚》、米芾的《砚史》、曹昭的《古砚论》、余怀的《砚林》、朱彝尊的《说砚》等等，真是不胜枚举。这些数以千计的遗砚和数以百计的砚著，组成了皇皇大观的砚的文化长廊，给后人留下了一笔巨大的精神财富。在流传至今的砚台和与砚台相关的文字中，我们可以读到许多脍炙人口的典故以及鲜为人知的故事，其中也不乏令人莞尔一笑的轶闻佳话。一方古代文人砚，就是一段历史文化的载体，透过这方砚台，我们可以了解到当时的政治、经济、文化状况，可以触摸到砚台的主人以及后来之承传者的思想感情和文辞风采，恍如读一页历史，又如与一位贤哲晤谈，其中的裨益是不足以与外人道的。我们徜徉于砚文化的氛围中，感受着浓郁的书香熏陶，文墨浸染，精神得以升华，腹笥得以充实。乐，在其中矣！

中国古代文人砚是一个砚中宝库，作为砚的形态与内涵，都可谓是集大成者。材质之多样，形制之丰富，雕饰之精美，内涵之广泛，铭款之高明，无不让人心向往之、爱不释手。尤其以端溪、歙溪、洮河之名坑、名石为材料，由名匠制作，又经名家题名、名人使用过的"五名"佳砚，更是绝品，可谓可遇而不可求。书中介绍的近八十方砚台，只能说是砚林之一角，但我们却可以通过这斑斓多彩的一角，感受中国古代文人砚文化内涵的博大与精深。

本书的作者邱鉴波先生是中华诗词学会会员、广东中华诗词学会理事、清远诗社副社长，退休前长期从事宣传和文化工作，几十年间承受中国传统文化的熏陶，学养深厚，能文擅诗，出版有十多部著作。先生还是广东省收藏家协会会员，收藏古砚是他的一大爱好。先生所藏古砚既多又精，不少是难得一见的佳品。收入本书的砚台和文章仅是先生收藏和研究成果的一部分，但已让我们有一种打开了眼界的惊喜。

本书有两大特点：一是展示的藏砚上佳，照片精美；二是鉴赏的文章严谨，可读可品。这都可以说是赏心悦目的。一本谈古砚收藏的书，有这两点，已是不欺读者、难能可贵了。笔者作为该书的责任编辑，有幸先睹为快，首先得到审读的愉悦，故进而推荐给广大对古砚和鉴赏文章有同好者，也算是"己所欲，施于人"吧！

是为序。

黄晓彦

2011年1月22日于上海

目 录

材质多奇美

洮河玉化汉宫砖——宋·向敏中铭仿未央宫砖洮河砚/3
沉雄如响铁蹄风——元·耶律文正遗研/5
宝砚斑斓说沈周——明·沈周"仁者寿"砚/7
佳砚摩挲说状元——明·吴宽荷叶"养心"砚/9
布衣声价重东林——明·薛冈双蝠晋寿砚/11
天生美石不雕饰——明·归庄氏平板砚/13
一龙飞起砚池中——清·张玉书夔纹"神龙"砚/15
荷卷清风雅韵来——清·梁诗正翡翠荷叶砚/17
玉点如珠耀夜空——清·瑶华道人葡萄砚/19
墨香如梦透残荷——清·钱伯坰荷塘龟趣砚/21
临风翡翠翻荷露——清·曹文埴"荷露"砚/23
清宫专宠话松花——清·铭伊秉绶联松花石砚/25
凤尾含风摇砚水——清·陆绍景修竹砚/27
此生共砚情难了——清·轮川铭苍龙喷云砚/29
双夔盘绕庙前红——清·汤贻汾印款"子安居"歙砚/31
莹润如肤冻似冰——清·汪恭龙池"修德"砚/33
月浸荷塘清露凝——清·吴大澂云月荷池砚/35
风流总被研磨尽——清·金安清鲤鱼赏月砚/37
荷风吹乱一池萍——清·范为金"荷风"砚/39
奇观天成玉带生——清·无名氏"玉带生"砚/41
松花如玉寿眉长——清·仿"性存居士"铭款松花石砚/43

铭款寄精神

立雪程门惹梦思——宋·杨时铭抄手砚（清仿）/47
端溪春浪惊黄耳——明·沈粲立犬砚/49
藏甲江南一大家——明·项元汴"墨林珍赏"云鹤砚/51
宛宛苍龙起砚池——清·尤侗云龙砚/53
寿如松石意凌云——清·鹤舫松鹤砚/55
心闲尤喜伴相知——清·高士奇"喜上眉梢"瓦形砚/57
艺林怪杰砚林痴——清·高凤翰云中麒麟砚/59
一砚真能易"米书"——清·师游铭董氏原藏云龙砚/61
心如古井享天年——清·山舟铭"古井"洮河砚/63
墨池龙起震文林——清·邓石如墨池龙砚/65
风雪甘凉亦故人——清·王春甘凉铭随形端砚/67
清远超然野鹤闲——清·云门居士野鹤砚/69
橡笔淬成双剑锋——清·罗惇衍双剑纹绿端砚/71
曾伴龙旗出国来——清·郭嵩焘"一世相知"砚/73
砚上苍松荫可园——清·可园主人古松砚/75
黄甲传胪寄意深——清·胡澍螃蟹砚/77
人生坎坷铸辉煌——清·赵之谦麒麟砚/79
砚铭纷纭另类奇——清·万甲梅鹊云月砚/81
宣统遗臣此最忠——近代·陈宝琛卧牛望月砚/83

纹饰出精巧

砚中双鲤出洮河——明·文信洮河石双鲤大圆砚/87
佛门僧侣护洮河——明·嵩山知葱洮河石夔纹大方砚/89
十年面壁悟心传——明·李光达摩面壁图砚/91
榜眼才情直士心——明·王衡印款芝鹿砚/93
状元朱笔点神龙——明·张以诚识神龙砚/95
一品澄泥塑巨龙——明·龙吐珠澄泥砚/97
挥毫醉听吟诗声——明·痴庵道人太白醉酒砚/99
荷荷如见直臣心——清·汤斌荷叶池砚/101
瓮头飞起墨花香——清·江村铭酒仙砚/103
浑沦吞吐一葫芦——清·天山老人浑沦砚/105
界画苍茫石不磨——清·袁江楼台云月砚/107
古砚苍苍说重臣——清·董诰瓜瓞砚/109
书画全能见捷才——清·赵秉冲"花香鸟语"砚/111
枇杷小砚记神仙——清·钱杜枇杷砚/113
山鬼原来是爱神——清·眉道人山鬼驭豹砚/115
蟠桃入砚砚含春——清·殷树柏桃叶桃实砚/117
松龄鹤寿白云乡——清·汪昉古松双鹤砚/119
坐拥书城万卷楼——清·陆心源太平有象砚/121
毕竟貔貅近半龙——清·半龙貔貅砚/123
纵横砚上血痕斑——清·冻井山房六棱辟雍砚/125
秦篆雄强镌石鼓——清·舜逸鼓形砚/127
砚池深处菜根香——清·锡山笔耕农双兔砚/129
地迥天高放鹤飞——清·奉直大夫高崖云鹤砚/131

目录

3

书刻见功力

笠屐南荒铭砚碑——漫说"宋苏文忠公研"/135
汴河馀脉走龙蛇——元·赵孟頫"能者为师"砚/137
麒麟大砚倍庄严——明·衡山铭麒麟砚/139
端溪砚作传家宝——明·程嘉燧平湖印月砚/141
一片云根生几案——明·弱水道人藏祥云五蝠砚/143
苏姿米韵砚腰横——清·笪重光鼓形辟雍砚/145
金殿传胪曾第一——清·汪士铉凤尾罗砚/147
谁将眉月涌文澜——清·林佶银月砚/149
惠风和畅满荷塘——清·钱伯坰莲鲤砚/151
奇精巧绝砚中珍——清·吴熙载双鹿砚/153
文人之砚美人镜——清·余泉铭"一心"夔纹砚/155
生气盈盈赏绿端——清·任颐"汗简"绿端砚/157
砚上知鱼大匠心——现代·齐白石荷鲤砚/159
翰林谁识鹭书时——近代·孙智敏夔纹砚/161
如花翡翠饰山居——近代·孙智敏山居图砚/163

后　　记/165

材质多奇美

　　中国古代文人砚多为当时的达官贵人、文人雅士所拥有。因为他们特殊的政治、经济、文化地位，决定了他们能够获取（搜罗、进贡、购置）的文房中的用砚，大都属于端、歙、洮、澄泥、松花等名砚之列。名坑、名洞、名品，非奇即异，材质之精美已非后来者所可比拟。这里介绍的精品砚中，就有洮河绝品，端溪极品，松花佳品，还有歙溪稀品，也有美石中仅见的异品。用"琳琅满目、异彩纷呈"评之，也不为过。

洮河玉化汉宫砖

—— 宋·向敏中铭仿未央宫砖洮河砚

中国古代的四大名砚中，自宋代后取代红丝石砚的洮河石砚（又称洮砚），可谓砚中的珍稀品种。

洮砚出产于古洮州，即现今的甘肃省甘南藏族自治州卓尼县境内的洮河上游，并于洮河深水中采石，故名为洮河砚、洮砚。

洮砚的开采，一说始于唐代或更早一些时候。清代诗人吴兰修的《端溪砚史》引唐代柳公权的《论砚》云："蓄砚以青州为第一，绛州次之，后始重端、歙、临洮。"说明唐代已有洮砚。在近年的报刊和书籍中，曾见引用1992年于安徽省合肥市出土的唐代箕形洮河砚的照片，则是实物例证。宋代米芾的《砚史》则指出，宋神宗熙宁年间，朝廷派王韶驻军临洮开熙河，洮砚则成为地方特产中的贡品，说明洮砚已进入开采的鼎盛期。由于洮砚佳石蕴藏于深水中，采之不易，产之也少。在宋代，甚至京城一些士大夫也只闻洮砚其名，未见其物。到明代，洮砚已极难开采，据说，得巴掌大一方也属难能可贵。而到了清代，洮砚几近绝迹，有嗜砚者竟以黄金求购。

洮砚的石质决定了其地位和身价。北宋赵希鹄《洞天清禄》载："除端、歙二石外，惟洮河绿石，北方最贵重。绿如蓝，润如玉，发墨不减端溪下岩，……得之为无价之宝。"因此，历代文人颇多对洮砚歌赞诗词。北宋张文潜云："明窗吐墨试秀润，端州歙州无此色。"北宋黄庭坚云："洮州绿石含风漪，能淬笔锋利如锥。"今人赵朴初云："风漪分

材质多奇美

得洮州绿,坚似青铜润似玉。""……一潭碧水净如玉"。于中可见文人们对洮砚的推崇。

洮砚有红有绿,以绿洮居多且常见,而以石色绿而蓝者为上,古人称之"鸭头绿"、"鹦鹉绿"。洮砚贵有膘。在绿洮中,有水波状纹路并伴生有铁锈色片痕的"黄膘绿漪石"最为名贵,位处"神、极、珍、妙、能"五品中的极品,古人云"洮砚贵如何,黄膘带绿波"即指此之谓。

笔者收藏有一方洮河大砚(见图),其为长方形,长26.5厘米,宽18厘米,高6厘米,重4750克。此砚色纯绿中泛蓝,有黄铜色石膘,石质坚致,莹润如玉。其珍贵处还在于这是一方雕镌精美的千年古砚。且看淌池式的砚面,砚岗处高浮雕一形态高古的麒麟。砚的四侧自上向下内敛,显出宋砚特色。砚左侧及右侧阳刻汉隶铭"大吴宝鼎三年岁在""戊子秋七月廿二日";砚背上部阳刻隶书铭"仿大汉萧何造未央宫砖",其下浮雕一著袍服全身人像,左方阳刻隶书"陆凯";砚上侧阴刻楷书铭:"余得宝方,润中坚刚,自太陆凯,曰永无疆。"砚下侧阴刻楷书铭:"至道三年岁在丁酉。向敏中记。"钤一篆印"向敏中印"。

查有关辞典,向敏中(949—1020),北宋太宗太平兴国五年(980)进士。太宗时曾任广州知州,兼掌市舶。真宗咸平四年(1001)官至同平章事,充集贤殿大学士,兼秘书监,是宰相级的人物。其人工笔札,在书法史上也有一席之位。

"至道"为宋太宗年号,至道三年即997年。砚上所刻文字,若能得专家肯定,则此砚问世最迟的时间,从向敏中得宝算起,至今已有千年,是为可宝。

沉雄如响铁蹄风
——元·耶律文正遗研

在中国版图上，曾出现过几个建立于北方，对中国历史的进程产生过重大影响的少数民族王朝，如与宋朝对峙的契丹族辽国，灭了北宋的女真族金国，取代南宋入主中原的蒙古族元国。三个少数民族都是游牧民族，擅用骑兵，以强悍著称，其雄强霸气曾经震动过中国乃至世界的历史，至今令人凛然。

这里介绍的一方元代遗砚，其主人就与上述三个王朝血脉相连，其形制亦深刻着时代与民族的烙印，对之如对一段历史，如对一位古人，沧桑之感弥漫案头。

初识此砚时，就直觉地感到它异于常砚，一是用材，二是分量，三是雕工，都具有雄视众砚的气势。此砚呈长方形（见图），长27厘米，宽14.5厘米，高8厘米，重7000克。其石材属性难以确定，如据雕砚名家胡中泰所著的《中国石砚概况》一书所介绍的第218砚"元代长方形四足狮首砚"，则与此砚材质一样，形制基本相同，而胡中泰定为"尚未探明其产地的石砚"。其石色苍褐如铁，骤看之下很容易误为铁砚，砚面有白色、黄色石彩，有银星点、玉质斑点。其石质坚硬，砚堂不甚细滑。砚面无缘，砚额处凿如意形深池，下为椭圆形微洼砚堂，堂周浅刻两线纹作饰。砚侧以浅浮雕凿出海浪、鱼纹，四角凿作四根榄形柱。砚腹四角凿为兽蹄足。全砚镌工朴拙粗犷，仿如翻砂浇铸而成。砚腹浅刻草书铭文三行，字迹隐约不能全认，可辨识的一篆印为"北海孙氏珍藏"。

此砚让人瞠目以对的是，在砚堂右方赫然镌有一铭"元耶律文正遗研"，这正是此砚值得玩味之处，也正是此砚文化内涵引人开启的钥匙。且让我们来看看此砚的主人耶律楚材。

耶律楚材（1190—1244），字晋卿，号玉泉，又号湛然居士，契丹族人，辽太祖长孙东丹王耶律倍八世孙，金尚书右丞耶律履之子。其博览群书，旁通天文、地理、律历、释老、医卜之说。金章宗时为开州同知，后为左右司员外郎（司的次官）。元太祖定都燕京，闻其名召见之，让其侍奉左右，每有征伐，必命其为之卜筮。元太宗时拜中书令（相当于宰相，具特殊资望，权位尤重），事无大小皆先由其顾问。其卒后，在至顺元年（1330），还被追赠经国议制寅亮佐运功臣、太师、上柱国，追封广宁王，谥文正。楚材在文学上有天然之才，或吟咏数句，或挥扫百张，皆信手拈来，人称其诗"如宝镜无尘，寒水绝翳"。其工于书法，宗颜真卿、李邕，笔力遒劲刚健。明代宋濂云："耶律文正晚年所作字画尤劲健，如铸铁所成，刚毅之气，至老不衰。"著有《湛然居士集》十四卷。有墨迹传世，《中国古代书法家辞典》就收录有他的《送刘阳门诗》。

抚砚思人，千载而下，也让我们认识了这样一位少数民族的杰出人物。砚如碑铭，信然。

宝砚斑斓说沈周

——明·沈周"仁者寿"砚

2006年春节大年初三18:50时,在中央电视台主办的"CCTV"首届全国民间藏宝电视展(简称赛宝大会)上,一件南宋宫廷画家苏显祖绘的《风雨归舟图》,荣获金奖提名。数以亿计的电视观众清楚地听到屏幕上"宝探"评价这帧画作时,特别介绍画之右上角有明代沈周的数十字题识时,说:"现在沈周的小小一幅字,市场上的成交价就达到一百万元。"

沈周,何许人?其书迹的身价竟能上到天文数字?许多观众很是惊愕,不由得发出疑问。

其实,沈周在明代中叶以后的中国书画界,绝对是一个开宗立派的重量级人物,从权威的《辞海》收录有他的词条和画像即可见一斑。沈周生于明宣德二年(1427),卒于明正德四年(1509),终年83岁。沈周字启南,号石田,晚号白石翁,长洲湘城(今江苏吴县湘城)人。其出身书画世家,学识渊博,青年时即负盛名。其画中年宗黄公望,晚年醉心吴镇,自成一体,雄视当世。一时名士如唐伯虎、文徵明之流,都出自他的门下。工书,有黄庭坚遒劲峻奇之风。能诗,有白居易、苏轼风清月朗之韵。风流文翰,照映一时,名重于明代中叶画坛,为吴门画派领袖,与文徵明、唐寅、仇英合称"明四家"。著有《石田集》等。书画传世作品较多,北京故宫博物院、台北故宫博物院、以及上海、南京、辽宁、浙江等博物馆均藏有他的作品。北京中贸圣佳2005年秋季拍卖会,沈周的一幅《古木花冠》立轴,估价就达到760

万元。

沈周的字、画真迹笔者无缘亲见，家中却收藏有署款"沈周"的一方佳砚，是为"仁者寿"芝鹿砚。此砚（见图）长方形，长24.3厘米，宽16.3厘米，高3厘米，重3250克。砚为端石所制，石色紫中泛赤，石质坚致润泽，全砚六面均布满翡翠斑纹。砚面留日字矮缘，上三分之一为砚额，浅浮雕山石、灵芝、小鹿，鹿作回头望灵芝状；下三分之二镌一圆形太极阴阳鱼之砚堂、池，阳鱼为堂，阴鱼为池，一大一小，一阴一阳，极天地之造化，构图十分精美。砚背平板无缘无饰，唯刻三个楷书大字"仁者寿"，署款"沈周"，字体庄重卓立，筋骨劲健。"沈周"二字，清奇峻利，用笔如锥，人评上佳书法"如锥画沙"，于此砚上见此二字，令人顿悟。

沈周这一方砚，乃端州水岩上品，直如一方紫玉，古不易得，今更难寻。据砚史记载，端溪下岩（即水岩）屡开屡闭，到明代永乐、宣德年间（1403—1435）重开，所采佳石，是否

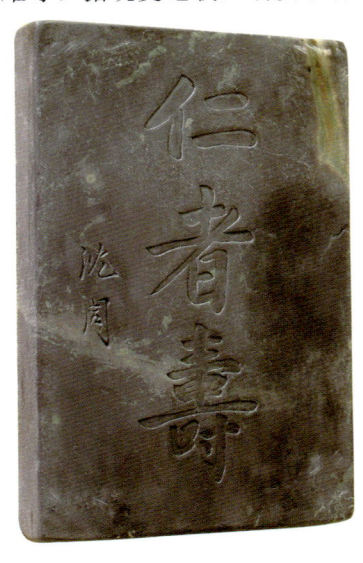

有此砚，恐沈周本人才可说清了。此砚最佳处，在砚面翡翠，红绿历乱，如星流云散，如飞珠溅玉，美不胜收，恐非大自然无此神工。山石、芝鹿、太极，意蕴遥深。"仁者寿"又紧扣山石、芝鹿、太极纹饰，两者神气相应。字体之大家风范，直逼于今五百年，尚教人陡然眼亮，对砚心仪。

佳砚摩挲说状元
——明·吴宽荷叶"养心"砚

吴宽是状元,是中国一千三百多年科举史上,在数以千万计的秀才、举人、进士进行层层科场搏杀后,最终胜出的六百名状元之一。但他不是大名人,在《辞海》、《中国历史人物辞典》中找不到他;只在《中国艺术家人名辞典》、《中国古代书法家辞典》中有他的简要记载,《中国状元谱》所载则较为具体一些。

吴宽的一生很有令人感慨的岁月。他生于明宣帝朱瞻基宣德十年(1435),字原博,号匏庵,直隶长洲(今江苏苏州)人。他少年时即略有文名,但一直时运不济,屡次应试都未能考中。后作为拔贡(在科举考试中

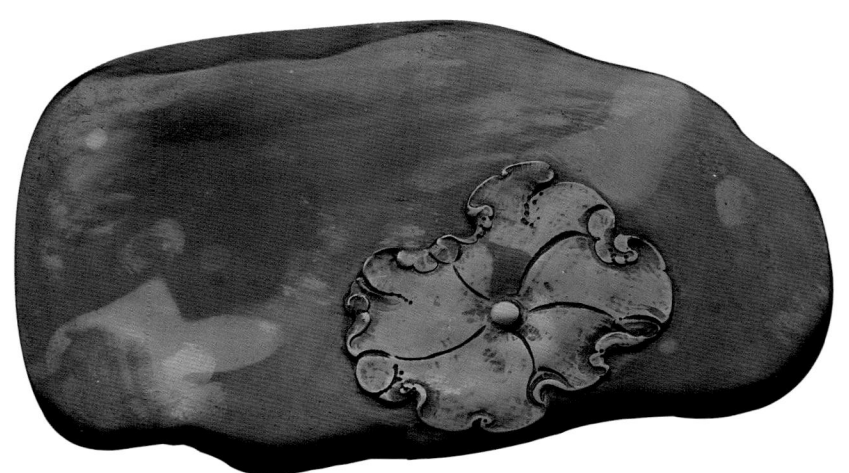

贡入国子监的生员)入太学(传授儒家经典的最高学府),学官张汝弼对他的才学进行测试,连声称赞,说"天下竟有这样的贡士吗!"从此对他分外垂青。后来,于成化八年(1472)吴宽又参加进士考试,连夺会试、殿试两个第一(会元、状元),这是他命运的第一次转折,这一年他37岁。中状元后,他官授翰林院修撰(一般授进士试一甲第一名的官职)。孝宗朱佑樘做太子时,他被选入宫侍读,为他命运的再一次转折埋下了伏笔,秩满进

升右谕德。孝宗登基，迁左庶子(太子属官，类比如侍中)参预修《宪宗实录》，迁少詹事(太子属官的副长官)兼侍读学士。弘治八年(1495)，提为吏部右侍郎(副长官)，因继母去世离职服丧。当时吏部缺员，孝宗命留下位子给他("虚位以待")。后转吏部左侍郎，掌管詹事府，入东阁，专门负责诰敕之类最高文书。弘治十六年（1503），升礼部尚书，仍兼任原来各职，这是他人生最鼎盛之时，但已是69岁的老人了。第二年，他垂暮老病，数次请求辞官，孝宗都没有批准，竟至于他病故于任上，终年为弘治十七年(1504)，享寿70岁，赠太子太师，谥文定。

　　吴宽行履高洁，不为过激矫枉之事，一生以正自守。好读书，博览群籍，诗文有典则。其作诗崇尚浑厚、沉德之风格，在其留存的墨迹《匏研记》中，就有"披云离北岩，度岭入中夏。饮水从溪渔，过都倾市贾。重藉剪楚茅，方函斫川楲。气凌松滋侯，姻缔雪涛姐"之句，赞颂端砚，很见其诗的骨力。吴宽工书法，源出苏轼，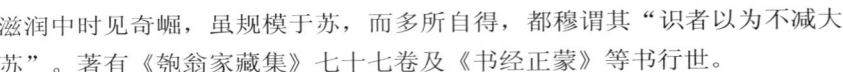滋润中时见奇崛，虽规模于苏，而多所自得，都穆谓其"识者以为不减大苏"。著有《匏翁家藏集》七十七卷及《书经正蒙》等书行世。

　　笔者藏有一方吴宽荷叶"养心"砚(见图)，随形，长25厘米，宽16厘米，高1.5厘米，重1750克。砚材是上佳的端溪水岩石，石色苍紫透蓝，石质极之细致嫩滑，经年不枯，四季油润，有大片翡翠斑和翡翠点。全砚随石之自然形态，不作过多的人工雕饰，仅在砚面的右下方就翡翠斑浅浮雕一张大荷叶。骤看之下，荷叶如浮于一池碧水之上，池中绿藻沉浮，荷叶舒展摇漾，一种雅淡清爽之气透砚而出，令人神醉。砚背镌大字楷书铭"养心"，署款"吴宽"，钤一篆印"吴宽"。铭、款的字体，颇具苏轼书法凝重的神韵。

　　此砚石材为难得的端州水岩上品，历代均为达官文士梦寐追求的尤物。有明一代，永乐、宣德、成化、万历、崇祯年间都曾遣工开采。吴宽此砚，是否得于永乐、宣德、成化年间所采之石，已无可根究。但摩挲此砚，从冰凉透骨的石质中，感受一缕历史文化气息，认识一位平凡的五百年前的状元，足矣！

布衣声价重东林
——明·薛冈双蝠晋寿砚

在中国，经历过20世纪六七十年代的"文化大革命"的中老年人，恐怕对一副对联、一首诗仍记忆犹新。对联是明代东林党首领顾宪成写于东林书院的门联："风声雨声读书声声声入耳；家事国事天下事事事关心。"诗则是被打成"三家村反党集团"头子，曾任《人民日报》总编辑的邓拓赞扬东林党的绝句："东林讲学继龟山，事事关心天地间。莫谓书生空议论，头颅掷处血斑斑。"诗和联在当时作为"大批判"的靶子曾流传甚广，它们都与东林党有关。东林党是一个什么组织呢？

据《辞海》的注释，东林党是晚明以江南士大夫为主的政治集团，他们在无锡东林书院讲学，以清议为武器，抨击阉党，主张放开言路，实行改良。后被宦官魏忠贤等迫害，到崇祯朝才得以恢复。东林党是以一个进步的知识分子社团在历史上留名的。

材质多奇美

时隔三百多年，东林党人的遗物在社会上已销匿殆尽。笔者有幸，居然于偶遇中收藏有明末东林党领袖之一的薛冈用过的一方砚台，可谓珍稀之物，在此公之于众，请大家共同鉴赏。

此砚（见图）半月形，长22.8厘米，宽18.5厘米，高3厘米，重3000克。砚材是端溪水岩石，颜色深紫中微赤，质地坚润细滑，属"百年不枯"一类佳石，抚之润糯，按之掌上潮湿，且有一颗石眼及鹧鸪斑、火捺等石品。砚面于砚额处浅浮雕一对金钱，系以绶带，其下为一圆形浅池，状如日，池左右各雕一只衔桃飞蝠。整个纹饰如同在苍穹下红日（砚池）高悬，福（蝙蝠）、禄（金钱）、寿（仙桃）齐聚，充满吉祥寓意。砚堂平浅微洼，无边缘。砚背于左方竖刻一行楷书铭款"甬东布衣薛冈"，钤一闲章"一字千仞"。

甬东，古地名，一作甬句东，春秋时为越国属地，即今之浙江舟山岛。

薛冈，其人名不显。自称布衣，知其尚未入仕。笔者偶然翻阅庄锡华著的《斜阳旧影》（文化艺术出版社1999年版），在《秦淮河畔的隐士》一文中，读到这样一段话："其时，明王朝行将土崩瓦解，龚贤（1618—1689，明末清初大画家）与东林党领袖人物范凤翼、黄立明、薛冈等人结社于秦淮……"据此得知，薛冈为明末东林党领袖之一，但也仅此而已。笔者孤陋寡闻，无法拥有更多的资料，未能对薛冈作更详尽的介绍，实在留下一分遗憾。

抚砚思人，且寄托"萧条异代不同时"（杜甫诗句）的一个读书人，那一点淡淡的追忆吧！

天生美石不雕饰
——明·归庄氏平板砚

平板砚,在砚的形制中独具一格。其制式可上溯到秦汉时期的砚砖,历代相承,至今仍未湮灭。但明、清的平板砚,已不独取其形制的简古庄重,更多的是出于保留砚材的美质不因雕凿而受损,正如古诗云:"清水出芙蓉,天然去雕饰。"

笔者所藏归庄氏平板砚,是这种类型砚中的代表。此方砚(见图)作长方形,长24.7厘米,宽16.5厘米,高3.7厘米,重4250克。全砚以一块上好端石裁截而成,不作任何纹饰,四边亦不起缘,直如一方砚砖。此砚石色青紫,石质细腻柔滑,有鱼脑冻、浮云冻、翡翠斑等名贵石品。砚额刻行书铭"滇南道中用"。左侧钤一方形篆印"归庄氏"。砚底右方刻行书铭联:"园林如画须佳客,风月常新要好诗。"署款"辛亥午月汤雨生正句",钤一篆印"岩夫"。左方刻隶书铭:"君之先出自有周,周宣王中兴,有张仲以孝友为行,披览诗雅,备知其祖。"署款"江德量临",钤一篆印"子来"。

此砚除了端石砚材和平板砚的形制可供欣赏之外,清初至清中期的

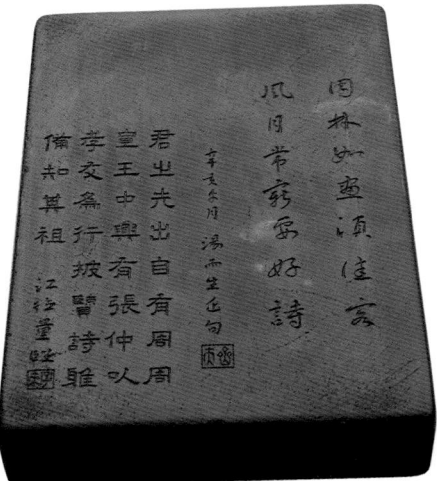

材质多奇美

三位著名文人在砚上的铭款也是一大看点。首起归庄，中承江德量，后续汤贻汾，迭经三人之手，前后两百余年。且让我们略窥这三位名士的风采：

归庄（1613—1673），生活于明末清初，一名祚明，字玄恭，号恒轩，江苏昆山人，后移居常熟，是明代大文人归有光之曾孙，画竹名家归昌世之子。工文辞，精书画，尤善画竹，亦工行草书。明亡后，野服终生，往来山泽间，晚年寄食僧舍，非素交虽厚不纳，画不轻以予人。与同邑大名士顾炎武相友善，时有"归奇顾怪"之称。其书法造诣很深，《昆山新志》说："庄工诸体书，壮岁所作行草，直逼两晋。"著有《恒轩集》等。

江德量（1752—1793），字成嘉，一字秋水，号秋史，又号量殊，江苏仪征人。乾隆四十五年（1780）探花，官至监察御史。好金石，善书，工刻印，富收藏。著有《泉志》。

汤贻汾（1778—1853），字若仪、雨生，号老雨、若翁等，江苏武进人。官至浙江乐清协副将（相当于当今的军分区副司令）。后退居南京，内外名士宿儒多与之交流。工诗、书、画，通天文、地理、百家之学。所作山水画与方薰、奚冈、戴熙齐名。

此砚集明遗民归庄、清探花江德量、清副将汤贻汾于一身，且三人均为江苏同乡，又都精于书画，先后寄名于一方端砚，也算是一件趣事。此砚流传有绪，久经文场，砚堂因研磨日久而洼下，圈圈旋痕如岁月的年轮显现于受墨之处。全砚棱角浑圆，橘皮纹满布，包浆泽润，古韵油然。抚拭之下，足以让人思绪重回三百年前。

一龙飞起砚池中
——清·张玉书夔纹"神龙"砚

端溪砚出现一千三百多年,以石质精美而名重文林。在漫长的封建社会里,作为文房重器,端砚首先以实用让文人垂注。其实用的表现,历来以苏东坡的话为标准:"砚之美,止于滑而发墨,其他皆余事也。"另苏东坡还以八字铭文加以明确:"涩不留笔,滑不拒墨。"而宋高宗赵构也认为:"端砚如一段紫玉,莹润无瑕乃佳,何必以眼为贵耶?"这两位权威人士的"裁定",说明端砚产生使用初期(唐、宋),还不太过于注重砚材的石品(砚石包含的各种天然石质)和雕饰。但是,到了明、清两代,端砚中富于美丽的天然石品的砚材,逐渐引起追妍逐美的文人的青睐,各种石品也被排起了名次。从天青、鱼脑冻、蕉叶白、青花、金线与银线、火捺、冰纹与冰纹冻、鹧鸪斑,到翡翠、石眼,以至本属石之瑕疵的黄龙纹、虫蛀、五彩钉、朱砂钉,都进入了品评的序列,赞美推崇,"啧"声

一片。如果得到一方有名贵石品的砚台,就像得到了和氏玉璧,立时书室生辉,大可以骄人了。

平心而论,端砚而有美丽的石品,既表明此砚石质优良,也增加了审美的观感,这是无须讳言的。也正因此,石品丰富且自然构成的图案精美形象逼肖者,则让藏者视之为宝。笔者收藏有一方清代张玉书夔纹"神龙"砚,可谓个中佳品。

此砚(见图)长方形,长22.7厘米,宽14.7厘米,高2.5厘米,重2250克。砚材为

端溪老坑水岩石，颜色深紫，石质极细腻柔润，有翡翠斑、青花、鱼脑冻、金线等优质石品。砚面留门字形回纹缘，砚额凿为横长方形池，池之下部留一长方形砚岗，岗上浅浮雕一夔龙，夔龙张爪回首，状极生动。砚池与砚堂之间以一突起横线分隔，砚堂呈长方形，上部从左往右斜升起一

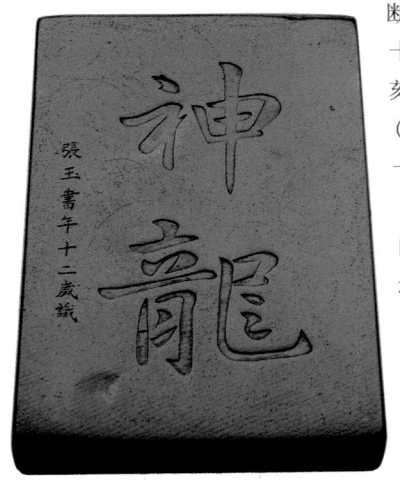

断续如龙形的翡翠斑，玉质冰肌，形状十分美观，隐现之间，姿致如活。砚背刻大字楷书铭文"神龙"，字体颇得董（其昌）书风韵；左方小楷署款"张玉书十二岁识"。

端砚石品呈现龙形，而又栩栩如生的，实不多见。近人马丕绪的《砚林脞录》中，引《池北杂志》所记："御府宝砚曰'苍龙横沼'，内有龙形横砚池中，世所谓岩花是也。"所记的这一方有龙形岩花的砚台，被列入皇宫御府，奉为宝物，亦足见其珍稀的程度。

笔者所藏这方砚，亦有龙形岩花，也算得砚中精品。张玉书名之"神龙"，实状其形神毕肖。世间所称"神龙三现"、"神龙见首不见尾"，以之衡量此砚，也十分贴切。张玉书以12岁的稚龄，能慧眼识宝，可见其天资聪颖。

张玉书（1642—1711），字素存，号润甫、润浦，江苏丹徒（今镇江）人，清顺治十八年（1661）进士，官至文华殿大学士兼户部尚书。曾主持修纂《明史》，编修《佩文韵府》，主持编审《康熙字典》、《大清会典》、《大清一统志》。历官五十年，为太平宰相二十年。史称其"风度凝然，得大臣体"，"久任机务，直亮清勤，朝廷倚以为重"。卒谥文贞。所作古文，雍容典雅，称一代大手笔。工于书法，学赵孟頫、文徵明、董其昌，名重于时。其流传于世的手迹，至今愈显贵重。如2007年1月22日中央电视台"国宝档案"曾介绍清初大学士陈廷敬母亲的画像，上面有张玉书的题字"洪福绵奕"，此画像就被列为国家二级文物。张之著述存世的有《文贞集》十二卷。

荷卷清风雅韵来

——清·梁诗正翡翠荷叶砚

清代乾隆年间，朝中有一位职掌吏部尚书（相当于现代的中央组织部长兼人事部长）的高官，这真是名副其实的"管官的官"。大大小小的跑官要官的"官儿"们，都恨不得拜他为"官爹"。内中恰恰就有一个四品官儿，让自己的老婆认了这位尚书做"干爹"。干女儿也很体贴干爹，寒冬时节，干爹上朝要挂"朝珠"，她就预先把朝珠放在自己胸前贴身捂暖，然后替干爹挂到脖颈上。时人赋诗打趣此高官"退朝犹带乳花香"。

这是一则出于清朝野史笔记的香艳故事。故事的主人翁却是鼎鼎大

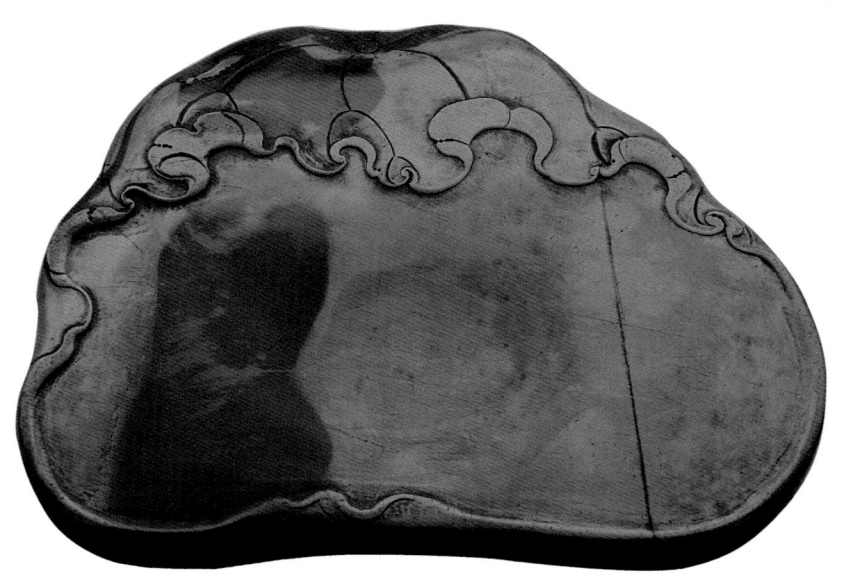

名的梁诗正，是本书将在《心如古井享天年》一文中介绍的梁同书的亲爹，也正是笔者收藏的翡翠荷叶砚的砚主。

梁诗正(1697—1763)，字仲养，号芗林，浙江钱塘（今杭州）人。雍正八年(1730)进士（一甲第三名，探花），授编修。历任刑、户、吏部侍郎，户、工、吏、兵部尚书。乾隆时，官至东阁大学士（文臣最高的官

位)。受命编选《唐宋诗醇》,总裁国史馆。常随乾隆帝南巡,凡重要文章,多出其手。诗正工书,诗骨苍秀,书参多家。著有《矢音集》。

梁大学士这方砚,为荷叶状随形砚(见图),最长处为23.2厘米,最宽处为18.3厘米,高2.8厘米,重2750克。砚材为上品水岩端石,其色苍紫,其质柔糯腻滑,富含翡翠斑。全砚面随石形雕凿成一大张荷叶,翻卷铺展而下,不凿砚池,砚堂受墨处微洼,左、右及下边,以荷叶之卷边作细矮缘,构图生动自然,甚得天趣。砚面占近五分之四面积的嫩绿翡翠斑,将荷叶的本色展现无遗,又将左方一块青紫石色,衬托得愈加娇嫩。右方斜纵而下的一条金色直线,与全砚天然及人工镌刻的曲线形成反差,加上错落分布的金星点,使这一方砚透出一种庄重浑穆的大气、飘逸清雅的秀气。砚背右下方缺损处露出石理,予人纯正无讹的感觉。正中刻行书大字铭"清雅",署款"梁诗正",钤一篆印"诗正"。

抚摸着这样一方佳砚,遥想砚主当年的功业勋名,既得明主宠幸,又得群僚敬重,更得亲朋呵护,是何等快意人生!三百年间,又该羡煞多少读书人!遐思远想之间,笔者不禁写下一首七律,感慨于梁诗正这方翡翠荷叶砚:

国史堂堂大总裁,文章黼黻帝颜开。
诗醇一卷宗唐宋,位望倾朝立陛阶。
传说乳花香颈项,抚来砚石起风雷。
矢音震处飞鸣镝,常令寒儒泪满腮。

诗中的"传说乳花香颈项",就是指本文开头所引的轶事。当然,梁诗正位极人臣,名望冠于一朝,其道德文章足为当时典范,如此逸闻只是更衬出他在亲友臣僚中的尊崇。正是他有立身处世的良好风范,才培育出品行杰出的儿子梁同书,这样的儒士世家,怎不令后人景仰!

玉点如珠耀夜空
——清·瑶华道人葡萄砚

端溪砚的石品十分丰富，诸如天青、鱼脑冻、蕉叶白、青花、金线、银线、火捺、冰纹、冰纹冻、翡翠、鹧鸪斑、石眼等共有十多种，还有被视为石疵但在能工手下可化腐朽为神奇的黄龙纹、虫蛀、五彩斑、朱砂斑等。其中，翡翠成块状的称翡翠斑，成条状的称翡翠条，成点状的称翡翠点，又叫玉点。玉点生得质地好、形状好、颜色好，而全砚的石质又上佳的，并不多见。笔者收藏有一方清代瑶华道人的葡萄砚，可算得是罕见的极品。

瑶华道人，即爱新觉罗·弘旿，清乾隆年间人。他是清宗室，康熙皇帝的儿子允秘的第二子，与乾隆皇帝为同辈人。字卓亭，号恕斋、醉迂、杏村农，别号瑶华道人、一如居士。乾隆三十九年（1774）封固山贝子（清宗室爵号，在亲王、郡王、贝勒之下），后赏封奉恩将军。能诗，工书画，书兼四体，画备诸格，以"三绝"称。山水得董源、黄公望之妙，花木具陈淳、陆治之法，治印不失元、明人法度。故宫博物院藏有他的《仙境春长图》，日本大阪市立美术馆藏有他的《仿唐六如山水图》，《中国名画宝鉴》载录有他的《溪山放棹图》。近年

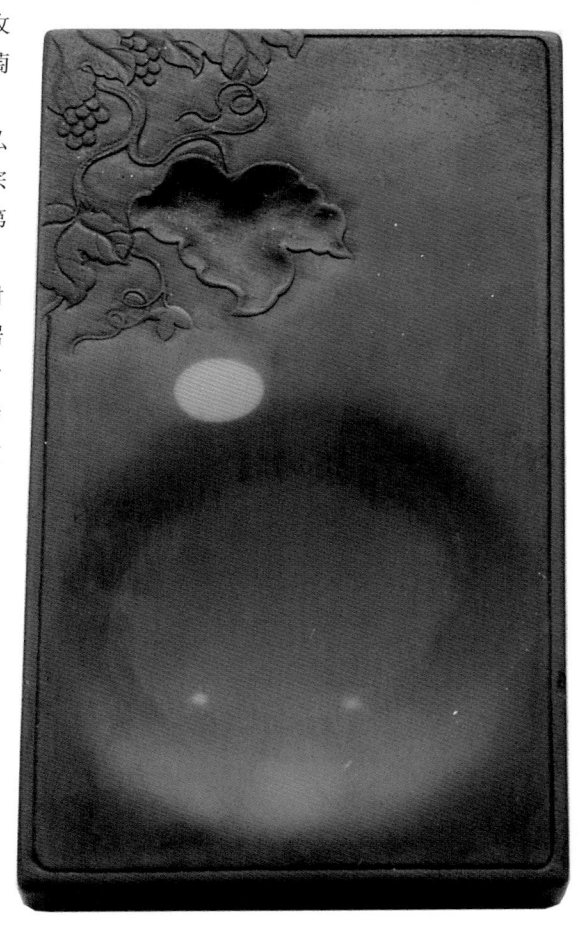

国内拍卖会上，偶见他的传世画作上拍，价值均在数十万元以上。2006年由匡时国际拍卖公司在春季拍卖会中推出的《素濑松吟》手卷，就以649万元拍出。

笔者手中这方瑶华道人葡萄砚（见图），长方形，长15.3厘米，宽8.6厘米，高1.7厘米，配有紫檀匣。老坑端石，颜色青灰中透紫蓝，质地细腻润滑，抚之如柔肤，夏日按之凉气直透指骨。这是一方小砚，行内有言"靓端砚多大不盈掌"，此砚可为一证。这方砚其佳在石质，更佳在翡翠点。全砚六面均有大大小小的翡翠点，尤以砚堂左上方一椭圆翡翠点堪称出类拔萃，此玉点直径长处1.5厘米，窄处1.1厘米，嫩绿晶莹，生气弥满，恍如夜空中升起之明月，令满砚生色。砚面其他小玉点，如深潭中之月影，恍然之间，让人有如梦如幻的感觉。砚额左方浅浮雕一枝葡萄，碧叶临风，须蔓舒展，果实盈串。一叶凹下为池，极富自然天趣。砚背阴刻行楷书铭款"瑶华道人"，钤一篆印"弘旿"，款书清瘦，刻工遒劲，极见书、刻功力。

此砚小巧玲珑，便于携带，自然是一方颇为实用之砚，从砚堂之磨损洼下及砚周满布之古墨痕可知。今日看来，砚已失去实用功能，其欣赏功能愈加凸显。这方砚因其原主人的皇族身份、两百余年的岁月沧桑、稀罕的石质石品，将其推为一极品赏玩砚，也不算过誉。

墨香如梦透残荷
——清·钱伯坰荷塘龟趣砚

中国砚台的发展史,大致可以划分为几个阶段:秦、汉及其以前,是始创阶段,材非甚佳,制非甚妙,能研墨使用而已;唐、宋、元三朝,澄泥、红丝、端、歙、洮河等优质砚材相继发现并风行,材质开始讲究,石品也受到注意。雕饰初步萌芽,但仍以实用为上,如苏轼在《东坡题跋》所云:"砚之美,止于滑而发墨,其他皆馀事也。然此两者常相害,滑者辄褪墨。余作孔毅夫砚铭云:'涩不留笔,滑不拒墨。'毅夫甚以为名言。"故唐、宋、元之砚,制式仍简单,雕工未繁缛,但材质已渐佳;明、清两代,寻美石,觅良工,求佳制,竞逐精雕细刻,实用与观赏并重,陈设与收藏同美,故有"传百十世"、"子子孙孙永宝用"之砚铭盛行;民国以后,砚之实用功能渐失,欣赏、收藏占了首位。对于砚来说,则欣赏与收藏更是价值之集中体现了。

著名篆刻家韩天衡谈艺术品鉴藏的四个原则是:真(真品)、精(精品)、新(保存如新,品相好)、少(稀少)。

藏砚家刘鸿伏说古砚收藏有五个原则:真、精、美、稀、铭。两人所说原则,前四个完全一致,唯砚则追求有铭,尤其是大名人、大文人之铭。

笔者认为,如果一方古砚合乎上述原则要求,且既可作砚台欣赏,又可作奇石陈设,既有人工雕凿之美,又有天工生成之丽,则此砚必是引人垂注之

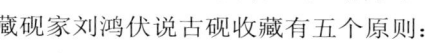
材质多奇美

珍物。笔者收藏有一方清代钱伯坰荷塘龟趣砚，似可列为古砚中的珍品。

此砚（见图）近椭圆形，长22.5厘米，宽18.8厘米，高2.8厘米，重2500克。此方砚的妙处有三：一是上佳水岩端石，色紫蓝中透红，石质细腻滋润，坚致如玉，砚面、砚背遍布翡翠斑、金线，深浅浓淡，玉质琼姿，构成十分艳丽的天然图画。二是一流的雕镌之工，用刀圆活，全砚浑厚肥润，最妙处在砚首荷叶和砚池中之灵龟，荷叶上保留原石皮的黄斑，仿如叶上枯黄的色泽，颇具唐代李商隐诗句"留得枯荷听雨声"的神韵，而荷梗脚下，一龟引颈爬行，令砚面皆活，并赋予全砚一股灵气。三是砚背"墨香"大字行书铭，深得唐代"书中仙手"李邕的真髓，用笔沉雄浑厚，朴质遒劲，显出一种轩昂之气，良堪品味。把玩此砚，实在是一件赏心悦目之雅事。

砚主钱伯坰（1738—1812），是清代乾隆、嘉庆年间人，字鲁斯，号渔陂，又号仆射山樵，江苏阳湖（今常州）人。他是"阳湖派古文"之首，在当时也是一个声名卓著的文人。工书法，学颜真卿、李邕，为时所重，论者谓刘墉之后，正行书以伯坰为第一。其为书，"如风雨骤至，飒然有声，纵横驰骛，顷刻数十纸"，此砚之"墨香"二字，亦足可见笔势之飞动，两百年而至于斯，犹闻毛锥杀纸之声，犹见钢錾冲砚之势。

一砚而可三赏三叹，真乃文化人之幸事。

临风翡翠翻荷露
——清·曹文埴"荷露"砚

翡翠,在端砚石中属于名贵的石品。其色翠绿,佳者其质如玉,凝润腻滑,在砚面上呈现为圆点、椭圆点、斑块、条状、带状、纹线状。石工有称条状翡翠为青脉者,并认为"有青脉者必有眼",并据此寻找更为名贵的石眼。古人以获得一方含有翡翠之砚而欣喜不已,甚至有人赋诗曰:"羚羊归去无长物,三洞精英俱品题。高卧黄龙翡翠里,胜于午夜趁

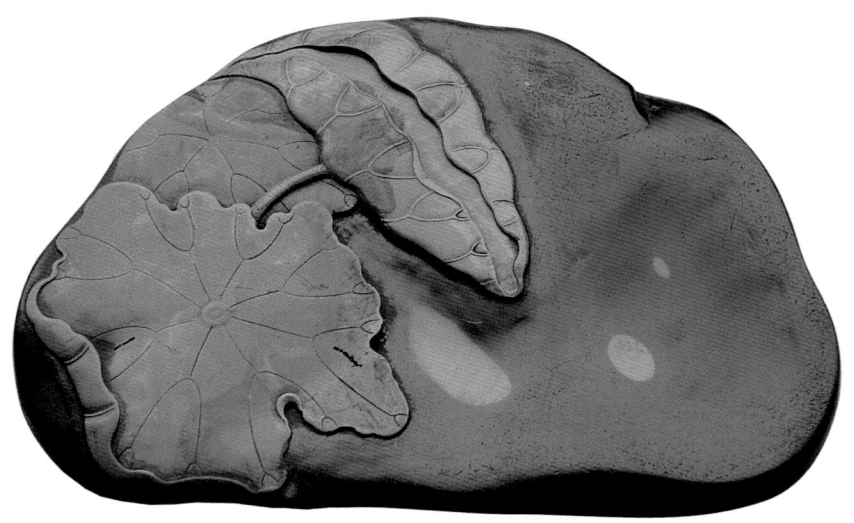

朝鸡。"似乎连五更天入朝晋见皇上,也比不上拥着一方翡翠端砚来得快意。

端砚中含有翡翠条、点的较常见,而有大块翡翠斑的则较为稀罕,翡翠斑镌为动物、植物形状而又意趣横生的,则又更为少见。笔者收藏有一方清代曹文埴的"荷露"砚,可谓个中珍品。此砚随形(见图),长26.3厘米,宽19厘米,高3厘米,重2500克。砚材为端溪老坑水岩石,色泽青灰中透紫蓝,石质极细润莹滑,有大块翡翠斑、翡翠点和绿色石眼。砚面左方以天然翡翠随形就势浮雕成或高或低三张巨大荷叶,一展一舒一卷,

形态不同，向背分明，脉络清晰，前后错落，生意盎然。右方为砚堂兼砚池，上布大小三点嫩绿翡翠。整个画面恍若微风过处，荷叶轻颤，叶上晶莹的露珠悠然滑落池塘，令人赏心悦目之余，不由得叹一声"绝了！"。

砚背留有宽缘，缘内凹下为覆手，覆手内留有两竖柱，柱上各有一颗绿色石眼，石眼内有瞳仁，亦属难得之品。覆手底上刻大字行书铭"荷露"，署款"曹文埴"，下刻篆印"文埴"，右方刻一方形圆朱文印"影山草堂"。

曹文埴，清代乾隆年间人，字近薇，号竹虚，祖籍徽州（今安徽）歙县雄村。乾隆二十五年（1760）二甲第一名进士（传胪），官至户部尚书，曾任《四库全书》副总裁。乾隆皇帝六次南巡，都由其承办。卒谥文敏。著有《石鼓研斋文钞》。其子曹振镛（1755—1835），刚成年就考中进士，官至一品尚书。嘉庆皇帝出巡，曹振镛以宰相身份留守京城处理政务，代君三月。民间至今能听到"宰相朝朝有，代君三月无"这句俗谚。道光皇帝继位后，任命曹振镛为武英殿大学士、军机大臣兼上书房总师傅，并赐建府第，在内宫悬挂其画像，位列群臣之首。曹氏父子被民间谓之"父子宰相"，光耀故里，荣际家族，至今雄村村口尚矗立着一座"四世一品"的曹氏功德牌坊。村口旁建于乾隆年间的竹山书院，大门内正壁悬挂曹文埴所撰的一副蓝底金字木板联："竹解心虚，学然后知不足；山由箦进，为则必要其成。"彰显出曾风光数代的曹氏的荣耀及其进取精神。

一方精美的翡翠"荷露"端砚，让我们认识了砚主人曹文埴及其家族的人生鼎盛，给我们尘嚣的心境送来一阵清爽的荷风、几珠清莹的荷露，也算是欣赏石砚的一得吧。

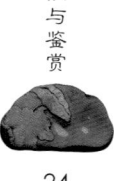

清宫专宠话松花

——清·铭伊秉绶联松花石砚

在流传下来的众多名贵石砚中,有一种曾是专被皇室垄断的,这就是松花石砚。

松花石,又名松花玉,产于清朝的发祥地长白山区的松花江(古称混同江)畔。有资料称松花石制砚始于明代,但更流行的说法是:清朝的康熙皇帝发现松花石的石质上佳,石色极美,命工匠雕琢成砚,取墨一试,竟然得心应手,发墨如油。康熙认为松花石"远胜绿端,即旧坑诸名产弗能出其右",以后就将松花砚作为清帝做"御批"、"朱批"的专用砚,并成为赏赐功臣、驾驭群臣的"恩物"。有清一代,松花石的产地有如圣地,由皇家派人守护,砚材则由专司衙门用毡包、车拉从关东运到北京故宫造办处,专供制砚之用。

松花石砚为何能得到皇帝的青睐,连位居众砚之首的端砚也要避让三分?看看当时的帝王和大臣的评价就知道其并非浪得虚名。康熙说:"质坚而润,色绿而莹,文理灿然,握之则润液欲滴。"乾隆认为其"绿色光润细腻";封疆大吏孙元龙说:"温润如玉,绀绿无瑕,质坚而细,色嫩而纯,滑不拒墨,涩不滞笔,能使松烟浮艳,毫颖增辉,昔人所称砚之神妙无不兼备,洵足超逸千古。"在乾隆主持编写的《西清砚谱》里,就收录了六方御题松花石砚,"冠于砚谱之首,用以照耀万古"。

在清代,松花石砚对于一般老百姓来说,是只能

材质多奇美

耳闻不能眼见,而一些受皇帝恩赐的大臣,则把拥有松花石砚当成光宗耀祖之事,奉之为传家之宝,子孙世代永宝藏之。

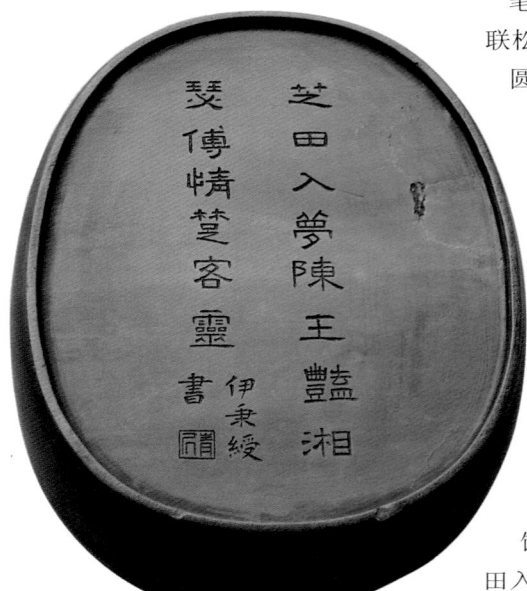

笔者收藏的"清代铭伊秉绶联松花石砚"是一方大砚,椭圆形,长21.8厘米,宽16.9厘米,高6厘米,重4300克。全砚色如松花,莹莹纯绿,有精致的刷丝纹,石质坚硬,温润如玉,以手掌按之,不一会即感掌中水滋,举掌即见砚面指纹浮现,其质之佳不言自明。

该砚砚面留泥鳅背细缘,砚额处刻一草书大"寿"字,不作其他纹饰。砚背刻隶书铭联:"芝田入梦陈王艳,湘瑟传情楚客灵。"署款"伊秉绶书",并钤有一篆印。此砚砚面砚侧古墨渗痕斑斑,濯之不去,已透入砚石之骨矣!

伊秉绶(1754—1815),清代乾隆、嘉庆间人,乾隆五十四年(1789)进士,官惠州、扬州知府。善书法,以篆、隶名当代,劲秀古媚,独创一家。此砚隶书,可见其功力之一斑。

此砚是否伊秉绶获御赐之物,尚难考定,但绝非凡物,则属无可怀疑。

凤尾含风摇砚水
——清·陆绍景修竹砚

　　松、梅、竹历来被誉为"岁寒三友",是中国传统文化人心中的精神偶像。竹子以其虚心直节、峻拔凌云,成为文人们的精神寄托。古往今来,咏竹、颂竹的诗歌多似繁星。两千多年以前的《诗经》,其《卫风·竹竿》就有云:"翟翟竹竿,以钓于淇。"唐代诗人李程干脆直说:"常爱凌寒竹,坚贞可喻人。"写竹的气节是人的榜样。同为唐代诗人的崔元翰,其诗曰:"含风摇砚水,带雨拂墙衣。"则写竹的风姿绰约,有情有韵。宋代宰相王安石,其咏竹云:"人怜直节生来瘦,自许高材老更刚。曾与蒿藜同雨露,终随松柏到冰霜。"则简直是自喻自诩。与王安石同朝的大诗人苏东坡,爱竹之情令人动容,他甚至认为"宁可食无肉,不可居无竹","不可一日无此君"。而让竹饱含人情味的,应数清代的大画家郑板桥,他的两首题画竹的绝句十分有名,其一为:"咬定青山不放松,立根原在破岩中。千磨万击还坚劲,任尔东西南北风。"
其二为:"衙斋卧听萧萧竹,都是民间疾苦声。些小吾曹州县吏,一枝一叶总关情。"
　　竹固然可入诗、入词、入画,而在砚上刻竹、咏竹,也不少见。笔者收藏的清代陆绍景修竹砚,其砚铭恰恰就是郑板桥的一副对联。这方砚随形类椭圆

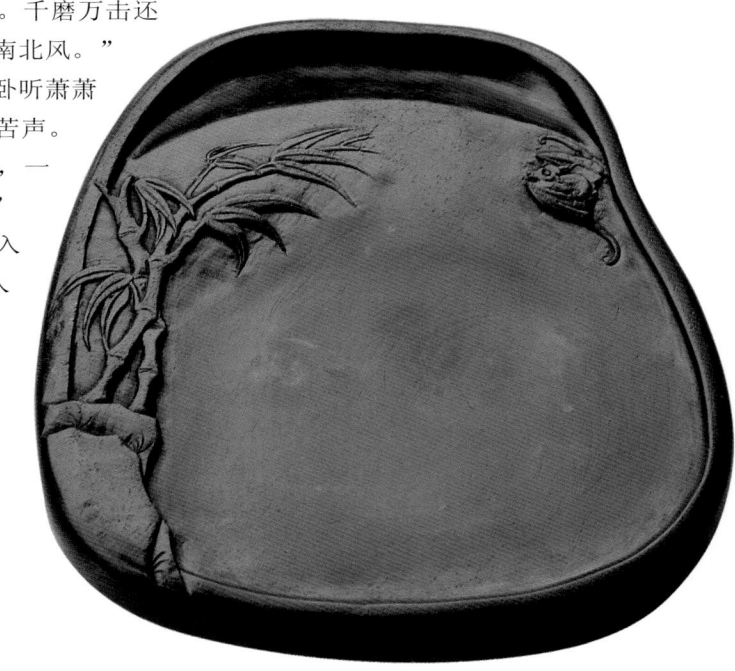

（见图），长24厘米，宽21厘米，高3.3厘米，重4000克。砚材为端溪上品佳石，石色苍紫泛蓝，石质坚致润泽，有翡翠斑点、鹧鸪斑点、玫瑰紫青花、金线、火捺等石品。以手抚之腻滑，以掌按之潮生。砚面留细缘，砚额部位深凿一眉形池，池下为宽阔砚堂。砚堂左方浮雕一山石，石上挺出两竿修竹，劲节翠叶，似迎风摇曳；右方近砚缘处浮雕一蝙蝠，作望竹飞舞状，画面寓蝠（福）报平安之意。砚背刻行书铭："虚心竹有低头叶，傲骨梅无仰面花。"署款"陆绍景"。书法沉着峻立，有如文徵明惯用尖硬毫笔的痕迹；刻工斩截，深浅轻重表现分明。

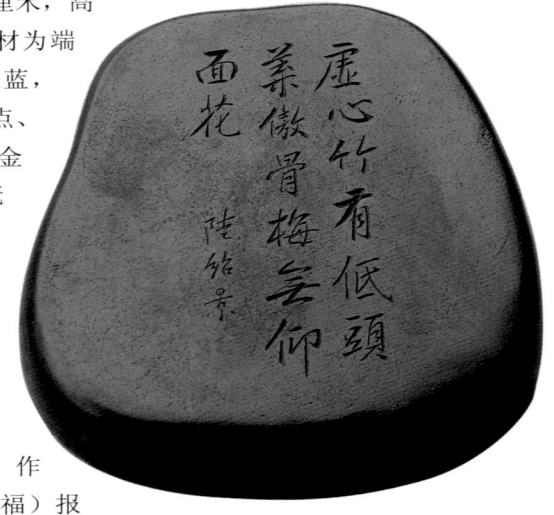

　　这方砚整体十分大气，品相极佳，保存完美，古墨痕迹光亮如漆，砚缘、砚背石上桔皮纹点繁密，全砚包浆明显，古意撩人。铭文乃移刻郑板桥很有名的一副对联，益增此砚的观赏性。

　　砚主陆绍景（景，亦作京），生活于清代乾隆、嘉庆年间，比郑板桥（1693—1765）约晚六七十年，字念初，号研北，江苏吴县(今苏州)人。生平事迹不详。其弟绍曾，字贯夫，号白斋，精于鉴赏，好收藏古书名迹，工画擅书，小楷曾得乾隆皇帝赏识，一时学者多师之。

此生共砚情难了
——清·轮川铭苍龙喷云砚

中国古代的读书人，要谋生，或要求功名，甚或要保富贵，在人生舞台上，有四样"道具"是少不了的，这就是被誉为"文房四宝"的笔、墨、纸、砚。其中，砚为首要，有所谓"一日相亲，终生为伴"的说法，其关系之密切，有过于妻子。

且听听当时的文人是怎么说的。宋代大文豪苏东坡铭龙尾砚："与居士，同出入，更寒暑，就燥湿。"清代医家兼画家的郑魁铭马蹄端砚："常恐魍魉夺，山行亦自携。"宋代张无垢铭端溪砚："韬藏久矣不乱

用，惟恐翰墨污染之。"清代著有《端溪砚史汇参》的黄钦阿，藏有蟠桃、佛手、紫渠等古端溪砚，"恒置案头，拂拭澡浴，刻不一离"。清代名诗人余怀在其所著《砚林》的序言中说："余有砚癖，……晨夕相依为

命,不能暂舍,……即家人以绝炊告,亦掉头不顾。"清代藏砚大家高凤翰,蓄砚逾千方,"常常抱砚而眠,至冰废右臂。"清代大书法家金农,在其《冬心斋砚铭》中说:"文房之用,毕世相守,尊如严师,密如挚友,宝如球璧琬琰,

护如头目脑髓者,惟砚为然,墨次之,笔与纸又次之。"

　　类似上引对砚"相依为命"的言、行,在古代文人中可谓举不胜举。这里介绍笔者所藏的清代轮川铭苍龙喷云砚,就又是一个例证。此砚(见图)为随形,长20厘米,宽17.5厘米,高2.8厘米,重2500克。砚材为上佳端石,石色苍紫,色泽柔和悦目,石质极致密细腻,手感十分润泽,砚面、砚背均有翡翠点。砚面不起缘,砚额浅浮雕一云中苍龙,张口长嘘云气,龙之身形矫健,姿势宛转,祥云缭绕苍龙,成上下翻涌之势,雕工精细,形神生动。砚之上侧自然斜缺处,留一痕黄色石皮,砚面、砚背均有自然剥蚀痕,有明显墨渗渍痕,呈现一种苍古之味。砚背阴刻楷书铭,字体颇具钟繇《宣示表》之骨格,曰:"居则坐卧皆同,行则纳诸篮中,东西南北云从龙,虽有远涉无离踪。"署款"轮川铭",钤一篆印"江中"。

　　轮川,即清代林在峨,字㟔云,福建人。其父林佶为康熙进士,官中书舍人,藏砚大家。轮川好古,工文辞,精行楷,亦能作写意竹石花卉。其著《砚史》,除收入祖、父所遗及友朋所藏之砚及铭外,"举凡游涉所经,与名流投契,见题研佳者,更摹拓之。自是诗歌酬唱,积久寖多,遂裒成卷帙"。其《砚史》十卷,时人认为比起米芾之《砚谱》、高凤翰之《砚笺》亦不遑多让。

　　此砚之铭,见录于其《砚史》。篆印之"江中",未考是否其又一别号,暂作存疑。

双夔盘绕庙前红
——清·汤贻汾印款"子安居"歙砚

歙砚是中国砚史上的四大名砚之一,排位在端砚之后,在洮河砚、澄泥砚之前,曾在宋人李之彦的《砚谱》中被推为"天下之冠"。其产地在古代歙州(今属安徽),歙州曾辖歙县、婺源等六县,而歙砚以产于婺源龙尾山的龙尾砚为最佳,故一直以来论歙砚即指的是婺源(今属江西)的龙尾砚。

歙砚最早开采于唐玄宗开元年间(713—741),其最盛时在南唐中主李璟之时,当时曾设砚官专事开采。自宋至清初五百年间,时采时停,远不及端砚开采的频繁。由于开采量少,佳砚不多,流传于世上的名砚也远逊于端砚。

歙砚石质缜密,石色青苍,石品精美。其石品有罗纹、眉纹、金星、金晕、鱼子等,每一种石品又百态千姿,美不胜收。在古代文人的记述中,对歙砚有不少赞美之词。宋代洪景伯在《歙砚谱》中称其"莹洁可爱","温润大过端溪"。苏轼在《孔毅夫龙尾砚铭》中也推崇歙砚:"涩不留笔,滑不拒墨,瓜肤而縠理,金声而玉德。"蔡襄更在《徐虞部以龙尾石邀余品第》一诗中将之比作和氏玉璧:"玉质纯苍理至精,锋芒都尽墨无声。相如闻道还持去,肯要秦人十五城。"

歙砚中的佳品,除有鲜明美艳的石品者外,还有被列为"稀品"的"庙前红"、"庙前青",这是

材质多奇美

产于清代以前砚山山口不远的一座神庙前的上好歙石。清代学者程瑶田在《纪砚》中指出其特征："庙前红石色微红，似端石，质甚佳。"但庙前红歙砚存世稀少，当代歙砚鉴赏家李明回认为，很多博物馆以及各个砚坑所产都没有发现这种异品，并为之感叹。

笔者早年收藏的一方歙砚，却颇具庙前红的特点。此砚（见图）长方形，长34.5厘米，宽22厘米，高3.5厘米，重6500克，是一方大砚。石质润腻，石色微红，澄洁明净。砚额处凿"子安居"三个楷体大字，其下为两条相对的夔龙，夔龙之间有一黄色石眼如珠，再下为一六边形的墨池、六边形的砚堂。右上方刻有隶书铭文"从善如归"，右下方刻篆书铭文

"至德不孤"、"正言直行"；左上方钤两篆印，一椭圆形的"雨生"，一方形的"汤贻汾印"，左下方刻有楷书铭文："人无信不立，天有日方明。"砚下方刻行书铭款"道光甲午秋汤恩渤"。砚堂右方还有一赤色石眼。砚背留宽缘，覆手处凿"千寿"二大字铭，下刻隶书铭文"云天高谊福寿全"，钤一葫芦形印"乐臣"。

砚上钤印署名者，有汤贻汾、汤恩、乐臣。

汤贻汾（1778—1853），字若仪，雨生，号老雨、若翁等，江苏武进人。官至浙江乐清协副将（协，相当于旅。副将，隶于总兵，统理一协军务，又称为协镇）。后退居南京，与海内外名士交游。工诗、书、画，通天文、地理、百家之学。山水画与方薰、奚冈、戴熙齐名。蒋宝龄《墨林今话》云："雨生书画诗文并臻绝品。"

乐臣，即郑如夔，浙江乐清人，字乐臣，号西园、怡堂、怡堂先生。

汤恩生平未详。

莹润如肤冻似冰
——清·汪恭龙池"修德"砚

端州砚在中国的文化史上占有显赫的位置。自唐代武德年间(618—626)开始出现,到清代宣统末年(1911)渐入式微,其风行于世上的时间几近一千三百年,可谓与中国的科举制度并盛并衰。

历代文人推崇端砚,写下了不少关于端砚的专著,也总结出了鉴别端砚的标准。其中最简单的标准是"一摸",见于清代吴绳年著的《端溪研志》所引钱以垲《岭海见闻》中说的:"善辨水岩者,不在日中见石,夜来以手按石,其冻如冰,沾之欲湿,则得之矣。"其较全面具体的标准是"八德",见于清代陈龄所著的《端石拟》:"端石至精者有八:温、润、柔、嫩、细、腻、洁、美。"而在清代吴兰修的《端溪砚史》中,引张世南《游宦纪闻》,说乾隆皇帝曾书翰墨数帧给近臣曹勋,其中有:

"端璞出下岩,色紫如猪肝,密理坚致,潴水发墨,呵之即泽,研试则如磨玉而无声,此上品也。"诚如皇上圣谕说的,著墨"如磨玉而无声",恰恰符合苏东坡论砚的标准:"砚之美,止于滑而发墨,其他皆馀事也。"

笔者曾细审所藏的一方端砚,似乎符合古人评论端砚的各项标准,因而倍加珍惜之,现予以介绍,供同道中高明鉴赏。这方龙池"修德"砚(见图),呈长方形,长25.3厘米,宽16.3厘米,高2.5厘米,重2750克。砚石出于端溪水岩，色紫蓝，质极细腻柔嫩，抚之冰凉糯手，呵之砚面生潮；砚面、砚背均有清莹的翡翠点；全砚古墨渗痕斑驳，久濯不去。这方砚除石质上佳、形制规整之外，令人叹赏的还有砚上纹饰的镌工。砚的上部浅浮雕一条四爪游龙，隐现于祥云之上，头角峥嵘，须鬣戟张，龙身蜿蜒，指爪凌厉，龙正回首嘘气，云气回旋下绕为砚池，构图十分大气而又洗炼流畅，雕刀深浅沉浮，显得游刃有余，得心应手。在笔者众多以龙为纹饰的古砚中，精细如此砚者，尚无第二，此固一因石美，二因工深也。砚背阴刻大字楷书铭文"修德"，署款"汪恭"，钤一篆印"竹坪"。此砚配有原装红木匣，匣盖上镶嵌有一枚铸有"五福临门"四字的花钱，倍添古雅韵味。

砚主汪恭，清代乾隆、嘉庆年间人，字恭寿，号竹坪、寿源、竹坪居士等，安徽休宁人，侨寓毗陵（今江苏常州），曾居吴门（今江苏苏州）。

妙音律，工行、楷，得梁同书、王文治两家法。山水画广摹百家，尤心仪文氏一派，其作高者追踪文徵明，次亦与文嘉、文伯仁并肩。旁及人物、花鸟，无一不佳。在乾隆五十七年(1792)与尤伯宣合写《随园湖楼请业图卷》。《中国古代画家辞典》收入其于嘉庆二十年（1815）作的《兰竹石图册》。

月浸荷塘清露凝
——清•吴大澂云月荷池砚

2006年2月19日夜,中央电视台一套正播出连续剧《乔家大院》第十集,被称为"山西第一抠"的晋商陆大可,女儿玉菡出嫁祁县乔致庸,嫁妆除湖缎杭绸、金银珠宝、景德镇瓷花瓶等之外,还有"雕花端砚"一方。

富商嫁女,雕花端砚陪嫁,也算雅事一桩。端砚者,砚中第一,既寓"饱涵文墨"之意,又取"坚贞长久"之兆,实为上佳之选,是富贵人家女儿出阁的必备嫁妆。

砚之佳,其标准首先在石。北宋大文豪苏东坡说:"砚之美,止于滑而发墨,其他皆馀事也。"他曾作砚铭曰:"涩不留笔,滑不拒墨。"

他的朋友孔毅夫认为这是名言。而南宋高宗皇帝赵构也说:"端砚如一段紫玉,莹润无瑕乃佳,何必以眼为贵耶?"但是,后来的爱砚论砚者却不满足于此,除在石品上一争高下之外,又在形制、纹饰、琢工等方面别出心裁,各炫奇技。递至明、清,砚之美已不仅在天工,人工的成分所占比重逐渐加大,以至一些名砚由实用性为主转至实用、观赏并重,甚至观赏与收藏倒占了第一位。《乔家大院》中陆玉菡那一方"雕花端砚",想来其功能主要也是陈设观赏甚或炫耀富有吧。清代同治、光绪年间,上佳之端砚价值千金以上呢!

清代名砚讲究纹饰雕琢,笔者可以举出所收藏的一方吴大澂云月荷池砚为例。这是一方堂堂大砚(见图),长方形,长33.8厘米,宽21.1厘米,高2.9厘米,重4000克。砚材是上佳的端州水岩坑石,其色青紫微红,其质坚细致密,莹润如婴儿柔肤,有丰富的火捺、鸲鹆眼、翡翠斑等石品。此砚可以与佳石相得益彰的是纹饰和镌工,相对而视,即可让爱砚者一见倾心,顿生几分惊艳感。砚面四周起缘,形如一个大画框,上缘雕作流云状,左方高浮雕一圆形砚堂如满月,右方高浮雕加透雕数茎荷叶、莲苞,其余洼下处自然为池为塘。莲叶下,池面上还雕了一对交颈鸳鸯,荷叶之舒卷向背宛如临风而舞,叶上就势保留的几点莹莹翠绿的鸲鹆眼,又似晶晶露珠在悠悠滚动,实在是一幅"夜月荷池鸳鸯图"。在此,可说是石之美、工之美合二而一,谓之"美轮美奂"谅也不算是溢美之词。

砚背平坦,从右往左刻四字行书铭"味经草堂",下钤一方篆书印"吴大澂印"。

吴大澂(1835—1902),字清卿,号恒轩,晚号客斋、白云山樵等,书斋名味经草堂,吴县(今江苏苏州)人。他一生历清代道、咸、同、光四朝,同治七年(1868)以进士入翰林,历官广东、湖南巡抚。晚年主讲于龙门书院。少学篆书,参以古籀文,益精工。题跋行楷方正流丽,独树一帜。兼长刻印,风格古朴。擅作山水花卉,用笔秀逸,饶有韵致,富书卷气。精鉴别,喜收藏,家藏彝器、古玺、玉石、文物甚丰,钻研甚深,能审释古文奇字。著有《说文古籀补》等。

风流总被研磨尽
——清·金安清鲤鱼赏月砚

宋代大词人辛弃疾写过一首十分有名的词《永遇乐·京口北固亭怀古》，开头就说"千古江山，英雄无觅，孙仲谋处。舞榭歌台，风流总被，雨打风吹去……"这是对英雄事业的向往和缅怀，读来令人肃然。

这里介绍清代一位官僚兼文人——金安清及其一方遗砚，用了"风流总被研磨尽"这样的题目，其实是很有感慨，也很有针对性的。

先说砚。笔者所藏这方金安清鲤鱼赏月砚（见图），长方形，长17.6厘米，宽11.5厘米，高2.3厘米。砚不算大，却是一方很不错的坑仔岩端石，石色紫中微泛赤，石质温润柔腻，全砚分布着大大小小的翡翠斑，其中砚堂自左下角向右上斜贯的红、黄、绿三色斑纹，状如龙跃，十分抢眼。砚面上方浮雕流云、飞浪、跃鲤，横云下凿一圆池为月，与鲤成呼应，如赏月然，极具动感，亦极具情趣。砚背阴刻行书铭文："祖研犹存初白叟，客舟爱诵比红诗。"署款"金安清"。

据《诗词典故辞典》"比红诗"说，唐代乐籍中有一妓名红儿，善于唱歌，诗人罗虬曾为之作绝句百首，名《比红诗》，大行于时。又，宋代大诗人陆游《夜酌》诗中有句："比红有句狂犹在，染白无方老已成。"以此可知，金安清砚铭是怀念当年鬓发初白时的文人雅集，如今客途乘舟，仍不能忘怀青楼咏妓，实在是借罗虬《比红诗》的酒杯，浇自己"十年一觉扬州梦"的块磊。

砚主金安清，清代咸丰、同治年间人，字梅生，一作眉生，号六幸翁，浙江嘉善人。年轻时在河南当幕僚，由胥吏起家，后升为两淮盐运使（主持盐务）。金有经济之才，咸丰末年驻泰州督办后路粮台，供应南北防军，设厘捐税，年年都有盈余。据《白话清朝野史大观》说其"善于钻营"，同治元年被革职，曾七次谒见曾国藩均被拒。曾国藩对人说："我是不敢见。此人口若悬河，对江南财政了如指掌，一见必然被他打动。不如用其言不用其人为妙。"又，金曾送给内阁学士、清军将领胜保一百件奁具

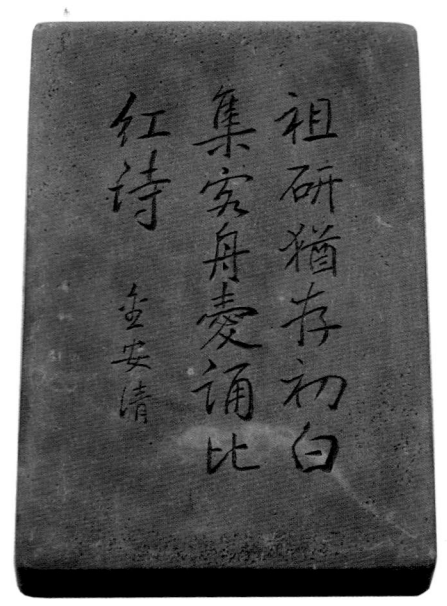

首饰，均有"平安清吉"四字，镜匣四角包金，亦刻上此四字，可见其用心。野史记载金性情淫荡，酷嗜女色饮食，交游广泛，门庭若市，无日不歌舞。这与他在砚铭中的表白"爱诵比红诗"十分吻合。野史也说到金工诗词古文，且古文颇有司马迁风格，诗词得唐宋遗风，笔记小说自成一体。他的著述很多，凡署名"金坡废吏"的，都是他的手笔。

金在正史上本是无名之辈，却因其经济之才和风流之性，却在野史中留下了亦褒亦贬的逸闻趣事。笔者拂拭其遗砚，翻寻史页，记下了上述文字。因文由砚生，而砚主早已消失于历史深处，才也罢，性也罢，都被研磨殆尽，只馀一方古砚，冷冷地折射着当年的筹谋与歌舞，故以"风流总被研磨尽"为题，写此短文，聊供读者一览。

荷风吹乱一池萍
——清·范为金"荷风"砚

在当前的古玩收藏热中,文房四宝是一个引人注目的门类,而端砚则是其中的佼佼者。

端砚产于古端州(今广东肇庆),开采始于唐高祖武德年间(618—626),至今已有近一千四百年的历史。端砚开采的坑洞众多,其中以老坑

(水岩)、坑仔岩、麻子坑、宋坑最为有名,所产砚石质地也最好。在我国古代四大名砚——端砚、歙砚、洮河砚、澄泥砚(取代原红丝砚)中,端砚自宋代以来就一直居于首位。历代广东以及肇庆府的官吏,都把端砚列为进奉朝廷的贡品,而达官贵人以及文人学士,亦以获得一方端砚为荣耀。

端砚的石质以老坑水岩为上,其色青灰微带紫蓝;石质细腻而幼滑、娇嫩,致密而坚实;石色丰富,还具有绚丽多姿的石品花纹;击之发出木声,无铿锵之声;手感沉重。水岩端石经千百年的开采,佳石已采伐殆尽。而古人曾经使用过的佳砚,经战火的劫掠、朝代的更迭、岁月的淘汰,至今已是可遇而不可求。

笔者不才,在多年收藏古砚的过程中,竟遇到了一方极品端砚(见图),现公之于众,以与读者共赏。

这是一方端溪水岩大砚,作长方形,长25.8厘米,宽17.8厘米,厚3

厘米,重达4000克,所配制的紫檀匣也重1500克。这方砚色泽深紫,透出一种柔和的宝蓝色,抚之如触柔肤,如摸绒缎,夏日触之其凉透骨,按之稍久,掌中水滋,手印如潮渐退,向之哈气,如蒙层雾。最难得的是砚面石品丰富,且直透砚背,满布的翡翠斑纹,椭圆的玉点,纵横的金线,还有或浓或淡的火捺,构成一幅五彩缤纷的图画。当代鉴砚大师、天津市艺术博物馆研究员蔡鸿茹认为:"砚台以材质石润如肤、石品丰富为优。"以此衡之,此砚当之无愧。此砚凿日字形砚缘,上部浅浮雕荷叶、荷花、荷蕊,浅刻荷钱、水纹,荷花、荷蕊巧将玉点雕显于上,倍觉奇妙。砚背刻大字楷书铭"荷风",署款"范为金"。以"荷风"命名此砚,细审之不禁令人拍案称绝。

范为金为清代乾隆时人,字衣垞,号兰宫,浙江杭县人。善书法,工行草书,结体严谨,方圆互补,洒脱秀丽。蓝天出版社2010年出版的《名家行书楹联集粹》收有他的一副八言对联:"萝月弄琴,松风煮茗;蕉雪悟画,竹雨催诗。"

奇砚天成玉带生

——清·无名氏"玉带生"砚

在砚谱和其他有关砚的记载中,称之"玉带生"而又名实相符的砚品极其罕见。这种砚之腰际环绕一条白色、黄色或绿色的石脉,形如玉带,故以之名砚。石脉属地质学上的方解石,由于与全砚的石质紧密结合成为一体,而又美观悦目,所以"物以稀为贵",令爱砚者高看一眼。

最有名的"玉带生"砚,是南宋民族英雄文天祥用过的一方。文天祥以"人生自古谁无死,留取丹心照汗青"的诗句和《正气歌》,尤其是被俘之后"富贵不能淫,威武不能屈",最后从容就义的气节长垂青史。史以人重,砚以人贵,"玉带生"因之颇受后人推崇。这方砚在文天祥被俘后,由他的咨议参军谢翱收藏,后迭经元代名人杨维桢、清代苏州巡抚宋荦之手,再后来落到了乾隆皇帝登基前的"潜邸",最后被乾隆编入《西清砚谱》,属所收240砚中的第71砚。这方砚属"旧端溪子石",形如腰子,形长而圆,砚面墨池上方镌"玉带生"三个篆字,腰间环绕一圈白色石脉如玉带,又环刻38字的《玉带生铭》。铭后署款"庐陵文天祥制",都是篆书。砚由乾隆收藏时，砚侧又加刻了一首"御铭"，其中有"激切尽节易，从容尽节难"这样对文天祥高度评价的句子。砚背更刻上了乾隆当太子时写下的《玉带生歌》。于此可见，乾隆皇帝对文天祥"玉带生"砚的重视。

"玉带生"以其稀有，使收藏者格外垂青。据吴战垒《鉴识古砚》一书中提供的资料，香港佳士得拍卖公司在1995年春季拍卖会中推出的一方"玉带生"端砚(定为古砚，未标朝代)，其成交价为港币86250元，价值不菲。

笔者读浪室藏砚中，侥幸也收藏有一方"玉带生"砚(见图)。这方砚长腰形，长16.8厘米，宽5厘米，高3.3厘米。砚材为端溪子石，色紫中微赤，质极细嫩，抚如柔肤。砚侧中层自然生成一圈宽3毫米的绿色石脉，形如玉带，莹莹可爱。砚额以玉箸篆镌"玉带生"三字。其下稍洼为砚堂、砚池，砚池成月牙形。砚背凹下，无署款。此砚原配香樟匣，历经百年以上，尚芬芳之气令人神爽。

笔者这方"玉带生"砚与文天祥"玉带生"砚材质同为端溪子石，形制亦仿文砚，不同之处有几点：文砚厚(高)约5厘米，此砚稍薄；文砚弧在左，此砚弧在右；文砚之"玉带"色白，此砚之"玉带"色绿；除"玉带生"三字篆于砚额外，文砚尚有文天祥铭、乾隆御铭及《玉带生歌》并"比德"钤印，此砚铭、款全无。

由于无可供审定年限的铭、款，故此砚难以准确断代。但从砚石的苍古滋润与密布的桔皮纹点，还有砚匣的磨损程度，似应为清中期物。像"玉带生"一样有规整石脉环绕周侧的砚台，实在天造地设，罕之又罕。笔者将之展示，谨供藏家并同好及广大读者鉴赏。

松花如玉寿眉长

——清·仿"性存居士"铭款松花石砚

在中国砚史上，松花石砚是一个异数。其异有三：一是产于清朝龙兴之地松花江畔；二是由清圣祖康熙皇帝发现并命臣工琢之为砚；三是仅作为御用、御赐之物，被皇室垄断，凡人不能染指。有此三条，松花石砚在清朝两百多年间，俨然圣物，连端、歙、澄泥、洮等四大名砚，也要逊

避其身上的光环。

松花石砚的尊贵，在乾隆皇帝主持编纂的《西清砚谱》的"凡例"中即可知其消息。"凡例"说："惟我朝发祥东土混同绿砥，德比玉温，琢砚进御，经列圣暨皇上

材质多奇美

御题者甚富，谨择其质良制佳者，谱之附录之首，以见文运肇兴，扶舆彰瑞。"这里说的"混同"，指混同江，即松花江；"绿砥"，即绿石，指松花石。"谱之附录之首"，可见推崇之至，地位之尊。

《西清砚谱》中，共收入精选出的清宫所藏松花石砚六方，分别为：松花石双凤砚，松花石甘瓜石函砚，松花石壶卢(葫芦)砚，松花石翠云砚，松花石蟠螭砚，松花石河图洛书砚。这六方砚分别有康熙、雍正、乾隆祖孙三代皇帝的御铭、御款，其中乾隆御题松花石翠云砚诗给予松花石砚以极高的评价："松花江水西北来，摇波鼓浪殷其雷。波收浪卷滩石出，高低列翠如云堆。蜀相八阵此其种，江间水流石不动。日月临照晶光华，波涛濯洗如璧琪。长刀槎枒绳修蛇，刀割绳缚出滩沙，他山之石为之瑕。毡包车载数千里，远自关东来至此。横理庚庚绿玉参，长方片片清秋水。爱命玉人施好手，质坚不受相攻剖。磨砻几许砚乃成，贮以檀匣陈左右。龙尾凤咪且姑置，铜雀旧瓦今何有？自喜得此迥出群，锡以佳名传不朽。"读此诗，足以令人对松花石砚心向往之。

时过两百多年，笔者不才，却也收藏到一方精美的松花石砚。此砚(见图)长方形，长22.8厘米，宽15.3厘米，高3.5厘米，重2750克。此砚石色冰莹嫩绿，有美艳刷丝纹，石质腻滑糯手，润凉如玉，是一方上好的松花玉石。松花石又称松花玉，此砚恰是一件佐证之物。砚面作门字缘，缘上浮雕瑞草纹。缘内为瓶形砚池砚堂，砚池深峻，砚岗处高浮雕荷叶、荷花，以绶带系为一束，构思颇显殊类；砚堂平坦，向砚池处略作倾斜，砚背留极宽之缘，缘内洼下，刻篆书大字铭文"眉寿"，署款"性存居士题"。

此方砚的铭、款移刻自清代纪晓岚编入《阅微草堂砚谱》中的歙石宋砚，文、字一模一样，属仿铭砚。性存居士，为宋人家之巽的号。眉寿，老人的双眉，往往有特长之毛挺出，称为寿眉，故称颂老人高寿，有称眉寿者。

古砚中，多刻上砚主喜欢的铭文，有自撰，有代拟，亦有移刻。移刻者，即在别的砚上看到好的铭文，依样画葫芦刻到自己的砚上。这种情况，有别于将一种特指某砚的铭文刻在另一砚上，以抬高身价，达到某种目的。两种不同性质的移刻，还需具体分析。

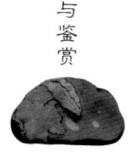

铭款寄精神

  中国古代文人砚，其最重要的标志就是砚上的铭文和署款，这是品牌的商标，是鉴定的识记，是砚魂之所在。中国古代的文人，不少学富五车、才华横溢，下笔千言、倚马可待，是寻常之举。在区区一方砚台上，题诗刻联，遣词勒铭，正是他们的拿手好戏。因此我们可以在芸芸众砚中读到很多非常精辟、精彩、精美的诗词文字、格言警语，有赞石的，有颂砚的，有述志的，有抒怀的，有记事的，有叹世的，多者数十字，少者二三言，无不引人拍案称好，敲砚轻吟。

立雪程门惹梦思
——宋·杨时铭抄手砚(清仿)

程门立雪,这一个典故,在读书人中可谓尽人皆知。说的是宋代杨时,他先后拜北宋理学大师程颢、程颐兄弟为师。40岁时拜于程颐门下,有一日与友人游酢同去拜访程颐,遇程颐午睡,就在门外站着恭候,时天降大雪,待到程颐醒来,门外已雪深一尺。

杨时尊师重教的美德,一时传为佳话,他这一"立",成就了他在历史上站立了千年。那么,杨时何许人也?

杨时(1053—1135),北宋学者,字中立,南剑州将乐(今属福建)人。宋神宗熙宁年间(1068—1077)进士。辞官不赴任,学于程颢;颢死,又学于程颐。他与游酢、吕大临、谢良佐并称程门四大弟子,被东南学者推为"程氏正宗"。他南行时,程颢目送之,曰:"吾道南矣。"(在湖南长沙的岳麓书院,至今仍悬挂着清代乾隆皇帝所赐的匾额"道南正脉")南宋高宗时,官至龙图阁直学士。他以著书讲学为事。晚年隐居龟山,学者称龟山先生。南宋理学大师朱熹之学即间接师承于杨时。著有《二程粹言》、《龟山集》。

笔者收藏有一方仿刻杨时铭的抄手砚。此砚(见图)长方形,长20.3厘米,宽13.5厘米,高6厘米。端石,色泽紫中泛红,石质致密细润。砚面为平浅淌池。砚右侧刻篆书铭文:"宣和五年五月五日,帝召迩英殿说书,赐此砚。其后子孙永世守之。"署款"杨时识"。砚底凿七根高圆柱,排列状若北斗七星。

此砚以端州生石镌凿,形制为宋代流行的抄手砚,覆手留有石柱,亦为宋砚多见。铭文篆书规整古朴。全砚包浆莹润,墨渗宛然,有自然磨损之痕。一见之下，目为宋砚无疑。但是，这却是一方移刻铭文的仿制砚，或者可以直说是赝品。为什么？原来真品的确另有一砚。

在清代乾隆皇帝主持编纂的《西清砚谱》中，其第68砚就是"宋杨时金星歙石砚"。砚上铭文内容与笔者所藏之砚完全相同。原"砚高（长）八寸八分，宽五寸四分，厚一寸五分，宋坑歙溪石，细而黟，遍体金星，砚面宽平，墨池深广，墨锈亦浓厚，其为宋时旧制无疑。"这就清楚了，真砚是歙石，赝砚是端石，此一大不同；真砚铭文刻于覆手内，是楷书，赝砚铭文刻于砚侧，是篆书，此二大不同；真砚在上方侧面镌有乾隆御制诗，此三大不同。对照砚谱，是鉴别赝品的最好办法，一对之下，其赝立现。

然而，赝砚就毫无价值了吗？以此方仿刻杨时铭的抄手砚来说，起码有这几方面的价值：一是艺术价值。很好的端石，很好的琢工，很好的宋式抄手砚，有着较高的欣赏价值。二是文化价值。铭虽然是移刻铭，但却让我们透过铭文了解到在宋徽宗宣和五年(1123)的端午节，70岁的杨时奉宋徽宗之诏在武英殿为皇上说书，皇帝听得高兴了，一时龙颜大悦，命太监捧来一方抄手歙砚，亲自赏给杨老先生。想当年杨时立雪尊师，现在皇帝赐砚尊师，怎不令杨老先生热泪盈眶，三呼万岁？如此一想，宋徽宗这位书画皇帝，也够尊贤爱才、很有人情味呢！三是赝品取代真品，有填空补缺的价值。真品传至清代皇宫，其后恐已不知所终，即使未致灰飞烟灭，一般人也不易看到，倘现于世上，其身价必定也很吓人。那么，手捧此方"下真迹一等"的砚台，不也很可以自娱自乐，得到一番心灵的怡悦吗？何况，这确是一方古砚，虽不到宋，但绝不晚于清，这就足以自慰了。

端溪春浪惊黄耳
——明·沈粲立犬砚

2006年是农历丙戌年，狗年。年前年后，报纸电视，谈狗之声不绝于耳。据有文章说，狗是人类最早豢养的家畜，可追溯到一万年以前。那么，人狗友谊，完全可称"万岁"了。

狗在人类活动的很多场合都可以充当重要角色。而文人与狗，也很有缘分。西晋著名文学家，写下杰出文学论文《文赋》的陆机，与狗之间就有一则为世人赞誉的佳话。据《晋书·陆机传》载：陆机有一骏犬，名曰黄耳，陆机十分喜爱它。后来陆机滞留在京师洛阳，长久没有家中的消息。一日，陆机笑着对黄耳说："我家全无书信，你能够为我送信并取消息回来吗？"犬摇尾作声。陆机就写了一封信，装入小竹筒内，系在犬颈之下。黄耳寻路南走，直至陆机家中，取得回信还归洛阳。这是正史所载，想非奇谈。也正因为有这个典故，犬就多了"黄耳"这一爱称。

文人与犬的关系非同一般，笔者还有实物为证，这就是明代被称为"草圣"的沈粲的立犬砚。

文人雅士多喜欢在砚台上镌雕纹饰，且动物形象较多，而能登上砚台这方大雅之堂的动物，大多是象（取意"太平有象"）、鹿（长春）、鹤（长寿）、龟蛇（长寿）、蝙蝠（福临）、喜鹊（喜气）、鹅（与书法有缘）、兔（灵气）、龙（神圣）、夔（同龙）、凤（吉庆）、牛（笔耕）、鱼（化龙）等，而犬之入砚，以笔者孤陋寡闻，似乎仅此一方。

此方沈粲立犬砚（见图），长方形，长20.2厘米，宽12.9厘米，高2厘米。端州坑仔岩砚石，石色青紫带赤，颜色均匀淡雅，石质坚致滋润，纹理细腻，有玫瑰紫、青花、火捺、鹧鸪斑等石品。砚面留如意纹门字缘；淌池式砚堂、砚池，砚堂平缓，砚池较深；砚岗处高浮雕一立犬，嘴微张，尾微竖，右后足微前移，静中寓动，如欲迎人，欲前行，一种温驯恭谨的情态跃然于砚上。砚背雕刻三个行书大字"端溪砚"，署款"沈粲"，笔法纯熟，笔力遒劲俊逸。

沈粲（1379—1453），明初人，字民望，号简庵，华亭（今上海松江）人，沈度（1357—1434）弟。自翰林待诏（掌校对章疏文史）迁中书舍人（内阁中书科，职责缮定文书），擢侍读（较高级的翰林官），进阶大理寺少卿（刑部副主官）。工诗，善书，真行皆佳，法宋克，草书擅一时，参以钟繇旨趣，行笔圆熟道逸，时人誉为"草圣"。与其兄并称"二沈先生"、"大小学士"。王世贞评论其书云："粲行笔圆熟，章法尤称，足称米南宫入室。"《中国古代书法家辞典》收有其多幅行、草书。

沈粲此砚，经六百余年，棱角磨圆，燥气消尽，古韵浮现。砚背铭、款，经与沈粲书迹核对，为其手笔，且镌工老到，深浅有别，甚得风神。砚岗雕犬，应该是沈老先生爱犬情结的表露，另外怕还有一段如陆机与黄耳一样的奇行义举吧！在砚上大书"端溪砚"，可谓爱犬与爱砚相得益彰，其情深如此，让今人感叹。

藏甲江南一大家

——明·项元汴"墨林珍赏"云鹤砚

在中国的绘画史上,记载着一个"免题钱"的有趣故事。说的是明代书画家项元汴,善画山水、兰竹,天真雅淡,颇有逸趣。他有一个癖好,就是每当画好画之后,都自作韵语题在上面,但又往往辞句累赘欠佳。向他求画之人知道他的"画蛇添足"之举,预先用三百铜钱送给他身边的书童,等到他将画画毕,立即加上印章取去,以免他再在画上题识,文人之间称为"免题钱"。这自然是笑话一则。

项元汴在中国文化史上留有大名,主要在于他是一个大收藏家、大鉴赏家。他是浙江嘉兴人,生于明嘉靖四年(1525),卒于万历十八年(1590),字子京,号墨林,自号墨林居士、西楚王孙、退密斋主人。项府三代进士,是嘉兴名门望族。元汴两兄为官,自己经营钱庄,原已是嘉兴巨富,后更富甲一方。财源滚滚,支撑着他对古贤墨迹、碑帖善本、金石文物的收藏。他一生收藏书画八九百件,其中宋、元两朝作品五百余件,五代以前作品近六十件,内中就有一批国宝级的珍品,绘画如东晋顾恺之《女史箴图》卷,唐代王维《山阴图》卷、韩滉《五牛图》卷、韩干《照夜白图》卷,宋代米友仁《潇湘奇观图》卷,元代赵孟頫《鹊华秋色图》卷及明代仇英、文徵明、唐寅等的佳作;书法

则有王羲之（8件）、怀素（5件）、苏轼（12件）、米芾（11件）、黄庭坚（12件）、赵孟頫（48件）等名家作品若干件。其中唐代李白的《上阳台卷》、杜牧的《张好好诗卷》更是书法史上的难得孤品。时人论到项元汴的收藏时说："(项)嗜古人法书如嗜饮食，每得奇书，不复论价，故东南名迹多归之。"

项元汴的藏品多为价值连城之物，但他却不视为私秘之玩。明代大画家仇英曾长期住在项府，临摹了项氏所藏的大量古画名迹，后终成大名。同代大画家、大书法家董其昌也在项府得以欣赏观摩所藏珍品，受益很大。

项元汴辞世55年后，清兵攻陷嘉兴，项氏一生珍藏被掠一空，"散落人间，半为践踏，半为灰烬"。幸好，一些珍品尚留存于世上。

笔者收藏的这方"墨林珍赏"云鹤砚，是否劫余之物，还不好断定，以之展示，请大家鉴赏，也算遥承墨林先生当年的雅意吧！

此砚（见图）长方形，长15.2厘米，宽10厘米，高2厘米，重900克，是一方小砚。砚材为端溪石，色紫中透青灰，质细致润泽，微有翡翠斑点。砚面不留缘，上部浅浮雕一立一飞的双鹤，伴以缭绕的流云，左上角的流云掩映半轮明月（砚池），画面动静相参，耐人品味。砚背四周起宽缘，缘内洼下处阴刻四字隶书铭"墨林珍赏"，下钤一篆印"项氏家藏"。

"墨林珍赏"、"项氏家藏"是项元汴收藏品上常用的铭文和印章。

此方砚虽不能推为端溪砚中之上品，但全砚斑驳的自然剥蚀痕迹，古墨渗入砚中的遗痕，无不透露出一种历经风雨的沧桑之味，把玩之间，难免让人发出悠长的历史之思。

宛宛苍龙起砚池
——清·尤侗云龙砚

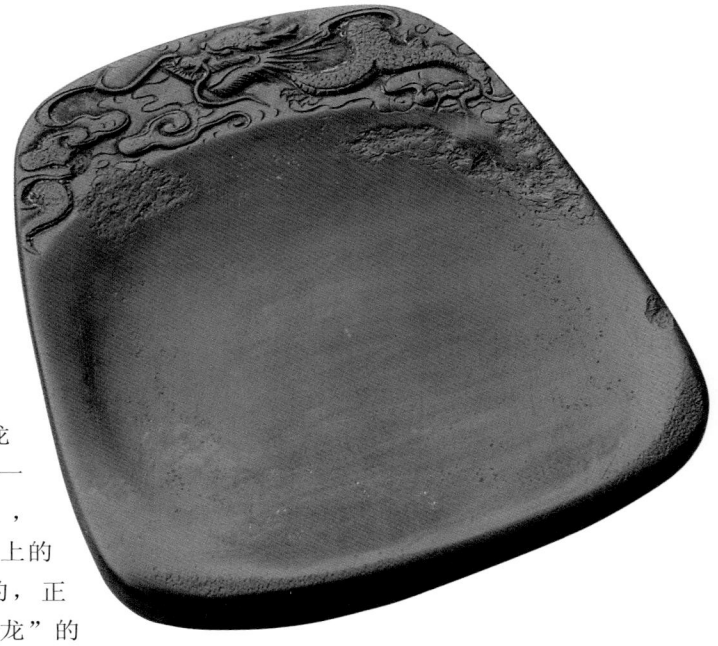

明、清两代的文人砚，以龙作为纹饰，可谓十分常见。龙是中华民族崇拜的图腾，其形象威严、勇猛，其神采光辉、俊逸，其体形巨细多变，是神、勇、力的象征。文人爱龙，寄托了文人欲化为龙的良好愿望，所谓"一跃龙门，身价百倍"，尤其跋涉在科举之途上的文人，其梦寐以求的，正是在穷困中蜕变为"龙"的得志与辉煌。而龙的形象入砚，跃动于砚池之上，则又蕴含着"龙岂池中物，乘雷欲上天"的自负和期待。

龙之形象镌于砚，多以"云中龙"出现。笔者收藏的这方尤侗云龙砚，就是一例。此砚（见图）体积不大，风字形，长14.7厘米，宽12.3厘米，高2厘米。端州砚石，石色青紫，石质苍润细嫩，隐见冻纹。砚面不起缘，砚额浅浮雕云中龙，云朵缭绕翻卷，极具动感。龙首露于云中，角、髯舒张，又见部分龙身、龙尾、龙爪，龙鳞细细，雕琢精致，很见功力。云龙之下为微洼砚堂，不另凿墨池，堂、池相兼而用。砚背刻行书铭文："翠羽之翻如，碧玉之环如，苍龙之宛宛如。"署款"悔庵"，钤一篆印"同人"。

砚的主人是清代名士尤侗，他生于明万历四十八年（1618），卒于清康熙四十三年（1704），字同人，号悔庵、西堂老人等，江苏长洲（今苏

铭款寄精神

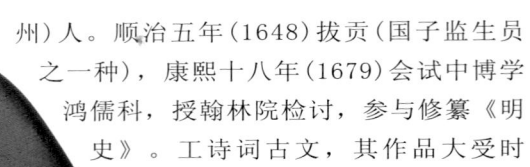

州)人。顺治五年(1648)拔贡(国子监生员之一种),康熙十八年(1679)会试中博学鸿儒科,授翰林院检讨,参与修纂《明史》。工诗词古文,其作品大受时人欣赏,至每篇一出,"传诵遍人口"。亦工书法,颇具天趣,有声于时。他还擅长撰曲、写杂剧。著述甚富,有《西堂全集》五十卷等。

尤侗这方砚,体形不算大,石质非上佳,却有两点精彩之处:一是云、龙的雕工,云如流,龙欲跃,显得栩栩如生,若呼之即出;二是铭文中将古语中的语助词"如"字,用为韵脚,别具一格,读来古味盎然,正印证了尤侗工古文的长处。这一铭文,亦见于笔者所藏朱彝尊款的一方"正气堂"大砚上,尤、朱同时人且同朝为官,是否朱亦喜爱尤此铭文,移刻于自己署款的砚上,则又另须稽考了。

笔者抚砚之际,有感于尤侗的文才际遇,倚声填一词,名曰《八声甘州·题清尤侗云龙砚》。全词如下:

抚莹莹一砚望江天,波光泛眉头。正金风初起,炎熏消退,银月如钩。未读煌煌《明史》,白发镜中羞。幸有端溪石,遥接春秋。

此际灯前细览,更文词天趣,如品醇醪。叹鸿儒博学,才大只歌讴。念区区、翰林检讨,七品衔,曾否唤归舟?苍龙曰:百年云水,谁记沉浮?

寿如松石意凌云
——清·鹤舫松鹤砚

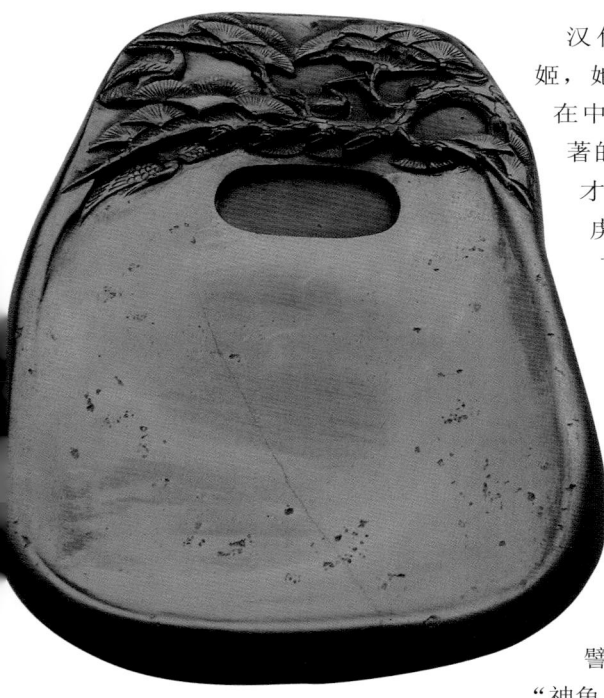

汉代女诗人蔡琰,即蔡文姬,她写了《胡笳十八拍》,在中国的文学史上占有很显著的地位。同时,这位一代才女,由于身当乱世,被虏入匈奴12年,人生充满了忧苦悲愁,还写下了两首《悲愤诗》,其中有句"人生几何时,怀忧终年岁",这可以说是一个弱女子的慨叹。与她同时代,身为汉丞相,且出面赎文姬归汉的曹操,可谓一代枭雄,竟也有"对酒当歌,人生几何?譬如朝露,去日苦多"和"神龟虽寿,犹有竟时。腾蛇乘雾,终为土灰"这样深沉的叹喟。可见,面对人生苦短这一宏大的命题,两千年前的两位人物,想建立不朽勋业的英雄与欲苟存于乱世的弱雌,一样是搔首叩问,感到无助与无奈。其实,这样的人生感叹,千年而下,以至千年之后,始终是每一个有思想的人都会自然触动并流露的。笔者收藏有一方松鹤砚,其最早的主人,也发出过同样的诘问。

此砚随形而近椭圆(见图),长20.3厘米,宽15.7厘米,高2.8厘米。砚材为端石,颜色青紫,质地幼嫩,有翡翠、浮云冻、青花等石品。砚面纹饰随石形安排雕琢,上部稍窄之砚额处,以繁复的构图浮雕一株横跨砚面的古松,古松龙鳞斑驳,二十多丛针叶怒迸,枝叶之间藏着仙鹤三只,一飞一鸣一琢。松之静，鹤之动，呼应组合，显出工之细，物之活，图之妙。砚额之下，凿一椭圆形之墨池，墨池下即开阔之砚堂，砚堂三面围以鳅背矮缘。砚堂之简约与砚额之繁密，形成鲜明对比，可见琢砚者的匠心实在异于凡庸之作手。砚背阴刻行书铭文："松寿千年，石阅百岁，于人何如？"署款"丙午二月鹤舫书铭"，钤一篆印"鹤舫"。

据查资料，清代毛际可（1633—1708）字会侯，号鹤舫，浙江遂安人。顺治十五年（1658）进士，官祥符知县。康熙十八年（1679）举鸿博。有擅画之名，与毛奇龄、毛稚黄并称"三毛"。画笔有米家风，又爱写高克恭青山白雪之作。其制义诗、古文亦有名。著有《洗雪词》等。

此砚的铭文，也是对人生苦短的一声叹息，译成白话，就是：松之寿呀，历千年而枝叶婆娑；砚之寿呀，历百岁而还可研磨；人呢？人与松和砚相比，其寿如何？

丙午年，即康熙五年（1666），毛际可33岁，距离他考中进士才8年，本是青云得意之时，为何华年之人亦有此种感叹，真不得而知了。好在，鹤舫先生到46岁还荣膺博学鸿儒，又更好在，先生活了75岁，跨过了古稀的门槛，实在是一大幸事。而先生研磨过的这一方"石"，至今又过了三百余年，所阅何止"百岁"！平常一砚，磨尽了多少人世荣枯宠辱，磨出了多少沧海桑田！

心闲尤喜伴相知

——清·高士奇"喜上眉梢"瓦形砚

这是一方仿汉瓦形砚。用汉、魏宫殿(如未央宫、阿房宫、铜雀台)毁弃后遗存的瓦或砖镌凿成砚,既取其古朴,亦取其实用,始于唐、宋,后人亦时有制作。古宫瓦宫砖不易得,故好古者有以其他材质如端、歙、洮等佳石,以及澄泥进行仿制,镌工上乘者不乏形、神皆肖的妙品,同样是文人雅士及收藏家追捧的对象。但是,仿汉瓦砚或仿汉砖砚由于体形硕大(大则类古),耗材太多,故造之者少,流传也就不多。"物以稀为贵",在盈千累万的古砚中,仿汉瓦、汉砖砚就显得相对珍罕了。

笔者有方藏砚(见图),砚呈古瓦形,长39.1厘米,宽23.4厘米,高3.5厘米,重6000克。砚材为端石,石色青紫中略透蓝,石质细腻润泽,有鱼脑冻及两颗石眼。砚面上部浮雕一枝苍劲梅花,花蕾饱满,花朵绽放,梅上梅下各镌一展翅飞翔的喜鹊,动静相生,极富诗意。梅鹊右方钤一篆印"张玉书印",左方刻行书款识"康熙九年春张玉书",署一篆印"素存"。梅鹊下方刻五字篆书铭文"喜上眉梢砚"。其下为浮雕古编钟形的砚池、砚堂,编钟之半月形纽为池,六边形身为堂,堂中洼下。池堂的右方刻大字楷书铭"相知堂",左方刻隶书联铭:"天将化日舒清景,室有春风聚太和。"弓形的砚背上,正中镌大字行草书铭文"心

闲"，其下刻小字隶书铭："暮云千树，寒雪一溪。"其左钤一篆印"高士奇"。

历来赏砚，在苏东坡"涩不留笔，滑不拒墨"标准的前提下，主要从四个方面去品味：一品材质，二品造形纹饰，三品铭文款识，四品气息韵味。以此衡之，此方"喜上眉梢砚"亦有四可赏：

一是作为端砚，如此大材实属难得。宋代书法家唐询曾说："（端石）惟材之大者更难得，方六七寸而无病脉者已少。"清代嘉庆年间进士、安徽凤台知县李兆洛在《端溪砚坑记》中说："（端州砚）如手掌大温润无疵者，即值一二十金，其不甚精美者，亦需一二金，若五六寸成方无大疵，则在百金以上矣。"那么，此方砚不  但质地优良，且长逾一尺，宽逾八寸，按当时身价，自是百金以上。我们知道当时一金即一两银。在清初及清中叶，教师先生年俸也只有十两银，贵为一县父母官的知县大人，年俸也只有六十两银，而《红楼梦》中的大丫环晴雯之属，月例钱（工钱）只有银子五钱。于此可知，若在当时，此砚其价不低，足令许多人望砚兴叹。

二是此砚仿汉瓦造形，工虽简，形则朴，在砚中别具一格，不流于凡俗。

三是有康熙朝的两个大官名流张玉书、高士奇的铭文足可玩赏。张为文华殿大学士、户部尚书，高为礼部侍郎，都为当时的学者、书法家，名闻遐迩。十四字联语一团雍穆闲适之气，八字铭文满眼清峻萧瑟之风，都令人一读神清。

四是此砚庄重大气，古韵逼人。抚砚之余，品"相知堂"之寄怀，味"心闲"之放达，如见古人人生的潇洒自在，令百年而后之寒士，顿生倾慕之心。

艺林怪杰砚林痴
——清·高凤翰云中麒麟砚

在中国的砚史上，爱砚成癖的文人实在不少，为砚茶饭不思者有之，以买田之钱买砚者有之，以豪宅易砚者有之，以书画名作换砚者有之，与砚坐卧不离者有之，以砚殉葬者有之，林林总总，奇闻百出。内中更有一个爱砚成痴，并因砚而病废右手的大名人，这就是高凤翰。

高凤翰是清代乾隆年间名传远近的"扬州八怪"之一。他生于康熙二十二年(1683)，卒于乾隆十三年(1748)，字西园，号南村，晚号南阜，胶州(今属山东)人。初为诸生(已入州、县学的生员)，雍正五年(1727)举孝友端方，官徽州绩县、歙县知县，均有政声。乾隆元年(1736)，直隶藩司张鸣钧提议荐他举博学鸿词科特试，他竟力辞不应。他早年即有名气，为大诗人王渔洋(世祯)私淑门人。

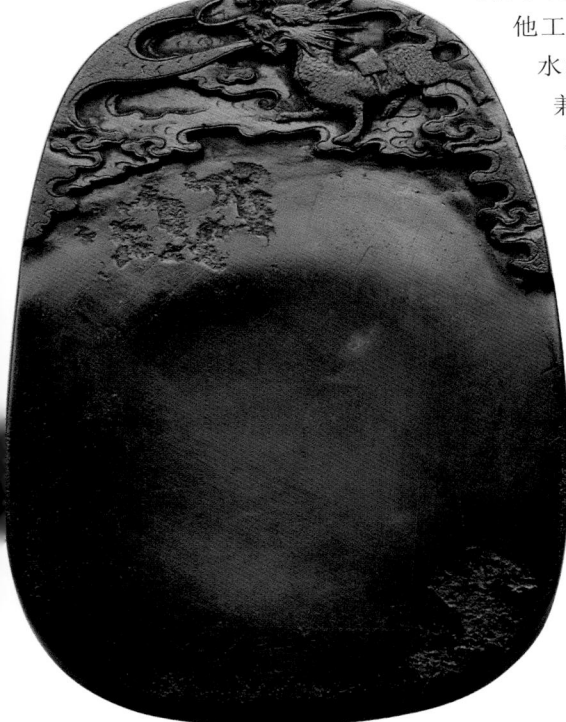

他工于书画，草书圆劲飞动；山水纵逸不拘于法，纯以气胜，兼北宋之雄浑、元人之静逸，花卉亦奇逸得天趣。擅刻印，法宗秦汉，苍古朴茂。他与当时齐名的郑板桥、金农、李鱓、李方膺、黄慎、边寿民、杨法七人，俱为不受笼络、自成门户的书画高手，作品风格又大都"离奇超妙"、"诡异别趣"，行止亦不同常人，故被呼为"扬州八怪"。而高凤翰更多了一"怪"：嗜砚成痴。他收藏砚台至千余方，且大半亲自琢制，自刻砚铭的就有165方。更有甚者,他对于酷爱之砚,终年相拥而卧,寒冬亦不分离。佳砚之石多生成于水底,千年万年浸润,其性冰寒,其质清润,久而久之,高凤翰的右臂竟因而冰痹,失去正常活动的功能。时人称其为"砚痴"。右手不仁之年,他自号"丁巳废人",改以左手作书画后,又号"尚左生"。他以左手所作的字画,被推为"奇气垒涌",尤为世人宝贵。他一生诗作浩瀚,诗名满天下,留有《南阜诗钞》。他又将150方藏砚以多色传拓成砚图,辑为《砚史》四巨册,为砚林名著。

笔者收藏有一方刻有"南村"款的砚,应为高凤翰亲自刻铭,颇堪赏玩。该砚(见图)椭圆形,长26.5厘米,宽18厘米,高2.5厘米,重3000克。砚材为端石,色深紫,质坚致润糯,有鱼脑冻、翡翠点、火捺纹等石品。砚额浮雕缭绕祥云,云中一壮硕麒麟正嘘出瑞气,为"麒麟送宝"之象。砚堂平浅无缘,受墨处因久磨明显洼下。砚背刻行书铭:"我笔老枯,资尔燠嘘。尔嘘温温,我笔生春。"署款"甲寅秋月南村",钤一篆印。

雍正十二年(1734),高凤翰51岁,距他病臂的丁巳年(1737)不足三年,也就是两年多后,他已不能用右臂做事了。观此砚铭文之字与刻,生涩老辣,章法凛然,尤其"南村"二字,正是其署款的面貌。铭文的内容,也透露了他的身体状况,"老枯"中说的是"我笔",毋宁说指的是自己的身体与精神。而"资尔燠嘘"恰好与砚面麒麟吐送瑞气呼应。至于"尔嘘温温,我笔生春",则是一种向冥冥中的祈求了。纵观全砚,似可定为高凤翰自琢砚、自刻铭的一方"名人砚"。此砚经两百多年岁月沧桑,可能后之传承者保护欠妥,故多自然碰损剥落之痕,但格局未毁,气骨犹存,也就弥足珍贵了。

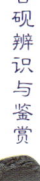

一砚真能易"米书"
——清·师游铭董氏原藏云龙砚

据清代计楠《石隐砚谈》载:"东坡云,端溪石,始于唐武德之世。"武德(618—626)是唐高祖李渊的年号,距今已一千三百多年。千余年间,端砚在砚林的盟主地位从来没有动摇,令人抚砚长思。

端砚的石质,冠于他砚之上。唐代褚遂良云:"冰雪为肌间紫碧,落落星辰手可摘;天然妙质世间无,虽十五城不与易。"宋代程俱云:"割云镶玉巧如神,龙尾铜台可奴仆。"清代纪晓岚云:"其腻若脂,其润比玉;美质如斯,天钟地毓。"清代陈龄则概括水岩端石有八德:"一曰历寒不冰,质之强也;二曰贮水不耗,质之润也;三曰研墨无泡,质之柔也;四曰发墨无声,质之嫩也;五曰停墨浮艳,质之细也;六曰护毫加秀,质之腻也;七曰起墨不滞,质之洁也;八曰经久不泛,质之美也。具此八德,质已迈常,信为古今瑰宝,可遇而不可求者也。"

端石的开采,极之艰难困厄。苏东坡曾描述为"千夫挽绠,百夫运斤。篝火下缒,以出斯珍。"后人又曰:"千夫汲水,二步一灯,终日采石,仅取斤斤。"宋代陈师道云:"没人投深索千丈。"宋代高似孙亦云:"累日不得一佳石。"艰辛不说,塌洞死人之事时有发生,但仍代代开采不缀。苏东坡在其子迨的砚上刻铭曰:"有尽石,无已求。"故清人云:"水岩石佳者,宋时已不可多得。"端溪水岩大西洞,宋元明清之间,就这样屡开屡闭,屡闭屡开,非穷竭尽之而不休。

端砚大受追捧,珍罕难得。由于采石难,佳石少,故佳砚历来都十

分难得。唐代刘禹锡就曾说"端州石砚人间重",李肇在《国史补》中记载:"内丘白瓷瓯,端溪紫石砚,天下无贵贱通用。"可见端砚流传甚广。其中极佳者已列为贡品,宋仁宗就将端砚赏赐史官,直至清代端砚还是皇帝笼络宠臣的"恩物"。端砚不易得,自古已然。宋代米芾就说过:"斧柯(端砚)绝难得。"南宋陆游亦在砚铭中云:"希世之珍那可得?"到清代,端州佳砚被叹为"近世罕有"、"今之希有物也",大名人王夫之曾感

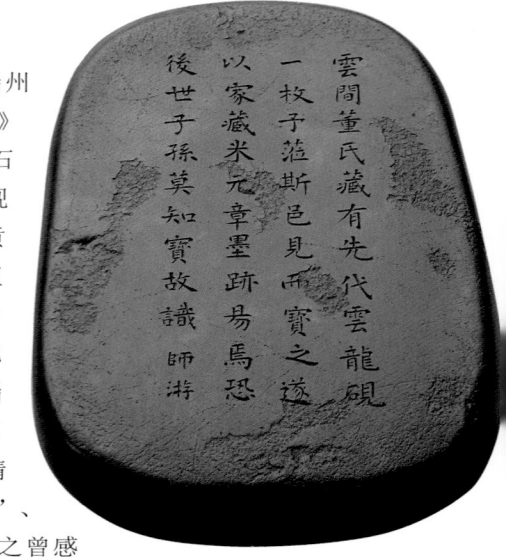

慨:"余两赴端州,未能得一佳石。"曾任广东总督的卢坤亦说:"端州向产名砚,余三莅岭南始获真品。"

因此,古人为获得一方上佳端砚,不惜一掷百金、千金,甚至以极其珍贵的心爱之物去交换。宋代何远的《春渚纪闻》就记录了这样一次"交易":章伯深在杭州的铁铺中,购得一枚端石大砚,此砚与安定郡王赵德麟所用的一枚作提砚十分相似,工制坚密,当时人都做不出来,何远请他让给自己,最后以所藏"东坡所画鹊竹"去相换才得到手。

无独有偶,笔者收藏的一方师游铭董氏原藏云龙砚,也记下了得砚的经过,见之砚背铭文:"云间董氏藏有先代云龙砚一枚,予莅斯邑,见而宝之,遂以家藏米元章墨迹易焉,恐后世子孙莫知宝,故识。师游。"

一方砚可换去"家藏"米元章墨迹,可见师游对此砚的宝爱。此砚椭圆形,长22.5厘米,宽16厘米,高3.6厘米,重3250克。砚材为水岩端石,色紫中泛蓝,质细嫩润滑,全砚面、底均布满鱼脑冻、浮云冻、火捺和翡翠点。砚面高浮雕云龙,云如潮动,仪态万千,龙头角峥嵘,鳞爪劲健,显出一种凌厉和大气。全砚最出彩的是如棉如絮的浮云冻、鱼脑冻,以及形肖动物的大片火捺,无不昭示着砚石的不同凡品。

话说回来,以东坡鹊竹或米芾墨迹去易一方砚,今日看来实在是巨大的"差额贸易",因为前者已是国宝无疑,若拍卖,其价必是数千万元,而砚呢?真令人有"宝之不宝"之叹!而历史的变迁,竟是如此让人难以捉摸!

心如古井享天年
——清·山舟铭"古井"洮河砚

清代乾隆、嘉庆朝的梁同书,是一个很特别的人物。笔者读到记述他的事迹的文字,觉得他有"三高"是常人难以企及的。

一高,是境界高。他是乾隆时东阁大学士、权倾一时的宰辅梁诗正的儿子,但却丝毫不沾纨绔习气,淡于利禄,只追求内心宁静、恬淡、超俗的生活,一生不近女色,不喜赴宴和宴客。他于乾隆十七年(1752)30岁时特赐进士,入翰林院,后擢侍讲,终生再无迁升,足见他不钻营不求官的秉性。他的书法名重一代,却毫不骄矜,且是有求必应,从不请人代笔,不以伪欺人,其真诚又令人肃然起敬。

二高,是书艺高。他是与刘墉、王文治、翁方纲并称"清代四大家"的书坛巨擘。《清史稿》记载他"好书法出天性,十二岁能为擘窠大字。初法颜柳,中年用米法,七十后乃变化"。他认为,作书"以我之意迎合古人则易,以古人之法束缚我则难",所以他的书法意趣趋向于清、闲、幽、静,自然适意,不加修饰,有平淡幽远的闲适之情。其书法出入颜、柳、米、董,自立一家,负盛名六十年,所书碑版遍寰宇。

三高,是寿数高。他生于雍正元年(1723),卒于嘉庆二十年(1815),享寿93岁。他之所以得享高年,与书法有很大关系,用他自己的话说是书法使他"静坐以收其心,读书以养其气,明窗净几以和其神","以自家性情,合古人神理",得书之助,获寿之增。他92岁还能作蝇头小楷,还为人书墓志铭,终日临池无倦容,有着过人的精力。

笔者收藏有梁同书的一方遗砚,恰恰能够印证他的人品、性情和书艺。此砚(见图)长方形,长20.9厘米,宽15.2厘米,高4.5厘米,重3400克。这是一方上品洮河石砚,色绿中泛蓝,附有黄色铁锈膘,石质坚润如玉。古语云:"洮砚贵如何?黄膘带绿波。"此砚之名贵可见。砚面四边起直线高缘,十分规整。右上角有一近似大枣形,深约1.5厘米,周边凸起的天然水蛀洞为砚池;池左方刻有苍劲的"古井"两字铭文;下留一圆形砚堂;右下角刻楷书铭"龙泉"二字,钤有一篆印"山舟梁氏"。砚背留宽缘,覆手内以隶书刻五言诗一首:"无事此静坐,一日如两日。若活七十年,便是百四十。"下刻一篆印"鹅池"。

此砚除为石质极佳的洮河石之外,还有一大亮点是右上角天然的水蛀洞。水蛀又称虫蛀,是砚石上夹有杂质,制砚时自然掉落或因势掏空,形成洞穴状,如同被水淘蚀或虫咬蚀,是瑕疵,但若处理得当,却能增加天趣。此砚之蛀洞,一够大,二形佳,三位好,用作砚池,实是天作之合。故以"古井"名之,无比贴切。再配以梁同书所书"龙泉"二字及砚背"静坐"一诗,全砚天工人意浑然一体,让人觉得妙不可言,兴味无穷。

山舟是梁同书的号,晚年又号不翁。

"静坐"一诗,是苏轼的作品,一种旷达之意,透诗而出。

墨池龙起震文林

——清·邓石如墨池龙砚

查1980年版缩微本《辞海》，中国文化人中生平简介能够列入词条，且又配有画像的，自战国屈原到当代郭沫若，总共有69人，其中清代的书画家有5人，邓石如赫然在列。

无疑，这些在《辞海》有词条又有图像的文化精英，自是成就突出，开宗立派，影响一时，泽及百代的人物，他们的业绩，光耀文坛，炫人眼目。

且看邓石如。他是清代乾隆、嘉庆年间人(1743—1805)，初名琰，又字顽伯，别号完白山人、笈游道人，安徽怀宁人。少年时代读书，好刻石，曾作客江陵梅缪家，得纵观秦汉以来金石善本，每种临摹各百本，打下了扎实的基础。当时翁方纲擅篆分，因邓石如不拜其门下，就极力贬低他。但刘墉、陆锡熊见到邓的书法，皆大惊，登门求识其面。他精真、草、隶、篆四体书，曹文埴称他四体书皆为清朝第一，包世臣称其篆为神品。有一次，钱坫与包世臣游焦山，见壁间邓所书《心经》，说："此非少温(唐李阳冰)不能作，世间岂有此人耶？"他的篆刻尤横放杰出，苍劲庄严，流利清新，冲破当时只宗法秦汉印的局限，开宗立派，世称"邓派"，也称"皖派"，晚清大家吴熙载、赵之谦、吴昌硕均深受其影响。康有为称："完白山人尽收古今之长，……遂能上掩千古，下开百祀，

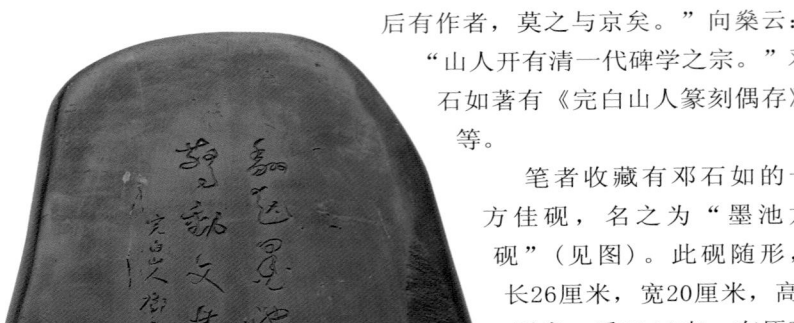

后有作者，莫之与京矣。"向燊云："山人开有清一代碑学之宗。"邓石如著有《完白山人篆刻偶存》等。

笔者收藏有邓石如的一方佳砚，名之为"墨池龙砚"（见图）。此砚随形，长26厘米，宽20厘米，高3厘米，重3000克，有原配厚实红木盒。砚材为端州水岩上品石，颜色青紫，石质莹润腻滑，触之如抚婴儿肌肤，按之冰凉，掌下生潮。砚面有石眼、翡翠斑、玫瑰紫、火捺、鱼脑冻等名贵石品。砚面随势留宽、窄缘，砚额上宽缘浅浮雕祥云，下为砚池，砚岗砚池之间高浮雕一驾云鹰嘴龙，为上古神兽，在数以千计的古砚纹饰中，极为罕见。砚堂平坦开阔。砚背略事修整，右侧尚保留开凿时之石纹，中间阴刻两行草书铭："翻起墨池龙，惊动文林事。"署款"完白山人邓石如"，钤一篆印"石如"。草书极流畅有力，铭文颇显书坛宿将气度，加上砚之雕工和立意，一种凛凛大气令人肃然。砚之流传已逾两百年，墨痕渗入石理，砚面有虫啮痕，砚背略现裂纹，全砚包浆厚重，倍添苍古之韵味，实为一方不可多得的名人名砚。

风雪甘凉亦故人
——清•王春甘凉铭随形端砚

端详着案头王春的这方精美的石砚，心中不禁浮起唐代诗人王翰那首著名的绝句："葡萄美酒夜光杯，欲饮琵琶马上催。醉卧沙场君莫笑，古来征战几人回？"

唐人无数的边塞诗中，这首可谓佼佼者。它发出了深刻的一问："古来征战几人回？"

自汉至清，中原的统治者与西北少数民族的矛盾、摩擦、战争几乎无代不有，投入的人力、物力、财力难以计算，不少读书人也曾亲临一线，过了把从军瘾，留下了不少诗词歌赋，令后人诵之感慨。而当时的前线，主要在凉州，即今甘肃河西走廊一带，是戍边的要地。王翰这首名诗，就题为《凉州词》。

笔者收藏的这方古砚，就曾随其主人王春远赴凉州，读其砚铭即可知："此砚昔从余甘凉，亦故人也。为取何承天赋张之。壬午王春。"王春其人生平未详。从砚铭推之，可能是戍边军中的书案文吏之属，以笔墨效命于边陲，砚即是他随身伴侣，日夕与共，同受塞外的雨雪风霜，黄沙落日，可谓患难知己。王春于远离边塞后的承平日子，还忆及"昔"时，抚砚作铭，亦是一往情深。

此砚为端溪紫石精髓，色紫中泛

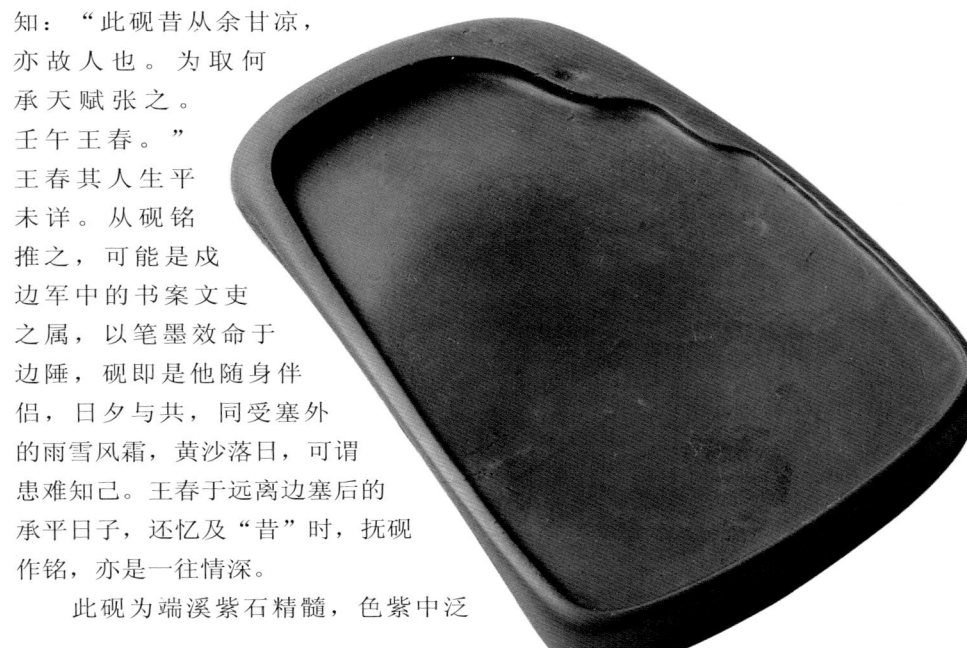

红,质地十分细腻,有翡翠点,凝润如玉,抚之如抚婴儿肌肤,握之水滋,纯如一段紫玉。砚作随形,长18厘米,宽12厘米,高3.2厘米,形体不大,便于携带,难怪王春怜爱倍之。

笔者所藏众砚中,可知曾远赴塞外的,仅此一砚。闲来摩挲,赋《水调歌头》一阕以咏之:

此是一冰砚,走马入甘凉。放怀西北天地,风起鬓飞霜。多少依人情趣,不忍艰难离去,濡墨写肝肠。千里碛沙月,照影忆家乡。

柔如脂,凉似水,慰彷徨。天涯怅望,平生弹落几星霜?莫谓儒冠多误,曾与戎兵为伍,长箭射天狼。试作军书草,池水濯初阳。

清远超然野鹤闲
——清·云门居士野鹤砚

砚上雕鹤，是古砚中常见的题材，这是与古代的文士对鹤的尊崇羡慕分不开的。当代著名人物画家范曾就这样说过："仙鹤是鸟群中的高士，皓洁的羽毛，修长的身段，悠然自得的神气，偶尔兴起，长空嘹唳，寄清风而伴明月，宿野塘而栖芦苇，不免使我们想起兰亭修禊或竹林七贤中的人物。"他认为，仙鹤是野逸一词的最佳诠释。在中国古代的隐士中，与鹤相伴终生的要数宋代的林和靖处士了，他咏梅的两个妙句"疏影横斜水清浅，暗香浮动月黄昏"，已让他在诗歌史上流芳百载。而他"梅妻鹤子"，更是佳话流传。据宋代科学家沈括的《梦溪笔谈》记载：林逋（和靖）子然一身，隐居杭州西湖之孤山，绝意仕途，超然物外，"畜两鹤，纵之则飞入云霄，盘旋久之，复入笼中。逋常泛小艇，游西湖诸寺。有客至逋所居，则一童子出应门，延客坐，为开笼纵鹤。良久，逋扬棹而归，盖常以鹤飞为验也"。鹤竟成了有客登门的"信号"。

对鹤情有独钟的，在清代也有一个云门居士。笔者收藏有他的一方雕刻有江湖野鹤的端砚

（见图），此砚近椭圆形，长23厘米，宽17.5厘米，高3厘米，重2750克。石色青灰透紫蓝，石质莹润细滑，有石眼、鱼脑冻、蕉叶白、金线等石品。砚面上部深凿为池，池如水波荡漾的江湖一角，其上高浮雕云、月、一双仙鹤，浅浮雕岩石、水草、水浪，鹤之优美娴雅，动静呼应，神态如活，雕工之细腻精致，令人叹赏。砚背阴刻行书铭文："一自东坡放鹤去，从此江海寄馀生。"署款"云门居士铭"，铃一篆印"云门"。

此砚铭文借用了苏东坡《放鹤亭记》所写到的故事。故事说，云龙山人张君有两只白鹤，十分驯顺，而又善于飞翔。张君每天早上向着西山的缺口把鹤放飞，任它而去，或见立于坡田，或见翔于云间，到傍晚鹤又沿东山飞回，所以山上一亭就叫做"放鹤亭"。东坡认为鹤的本质"清远闲放，超然于尘垢之外"，可以比之贤人君子、隐德之士，和它亲近玩耍，有益而无损。云门居士之铭，则突出了仙鹤"闲放"的个性，寄寓了自己不受牢笼、优游余生的胸襟抱负。

云门居士为清代郑际唐，字大草，号云门，侯官（今福建福州）人。乾隆三十四年二甲第29名进士。乾隆五十二年（1787）为山西学政。工书法，精篆、籀、八分。闲暇时喜摹印，贯穿六书，覃思研精，章法刀法，文秀绝伦。

椽笔淬成双剑锋
——清·罗惇衍双剑纹绿端砚

在存世的古代端砚中，紫端十分常见，而绿端只能偶然见之。其原因一是自唐至清，端州开采的砚坑，其石全是紫石，绿端坑只是"偏师"，且数量甚微；二是就整体来说，绿端品质不及紫端，更不能与水岩大西洞的紫石相提并论，因此欣赏者少，制成砚的就相对较少；三是在流传过程中，劣者遭自然淘汰散逸，佳者幸存亦只能是可遇而不可求；四是有个别绿端砚被"指鹿为马"，被编入同为绿色的洮河石砚的队伍中。古今砚谱中，绿端几乎占不到位置。因此，上品绿端实物难觅，有名人铭款的绿端就更稀罕了。藏砚家刘鸿伏谈到绿端时，就曾说："绿端中常见有黄绿二色相间者，却少见那种莹莹纯绿之品。这种绿端石，肌理细润之至，色泽纯粹，嫩绿如翠玉，没有一丝杂色，看起来十分怡情悦目。"他认为"绿端是端砚中的妙品"。

笔者收藏的这方清代罗惇衍双剑纹绿端砚，正是罕见的"莹莹纯绿"之品（见图）。砚作长方形，长25厘米，宽15.6厘米，高3厘米，重3000克。其色一体嫩绿，如出土新葱，又如初舒柳叶，竟无半点杂色；其石质坚致如玉，细密润泽，抚之如触柔肤，按之稍久则掌上潮润，确是上佳砚石。砚面淌池式。砚堂平坦，砚池亦不甚深，池中高浮雕加透雕雌雄双宝剑，四周留砚缘。砚背刻行书铭："独知无愧名斯显，正学能循德有基。"署款"椒生罗惇衍"。

铭款寄精神

罗惇衍，生于清嘉庆十九年（1814），卒于同治十三年（1874），字星斋，号椒生，广东顺德人。道光十五年（1835）22岁时中进士（二甲第56名），累官至户部尚书。谥文恪。生平长于讲学，与倭文瑞齐名，时称"北倭南罗"。擅书法，所书雄厚圆浑，对岭南后学颇有影响。

罗惇衍此砚之铭，推崇"独知"和"正学"，可谓封建社会读书人治学与修身的座右铭，当然其终极目的是扬名立德，治国平天下。砚的主人恐正是终生循此而行，达到了当时读书人企望的一个人生高度——六部尚书之一的户部尚书，成为权力中央的要员。至于他一生有何出色作为，因未见资料，不敢妄测。但今日拂拭此砚，不免让人心头泛起一丝追念。

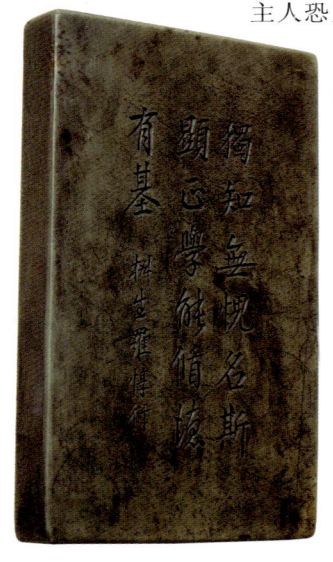

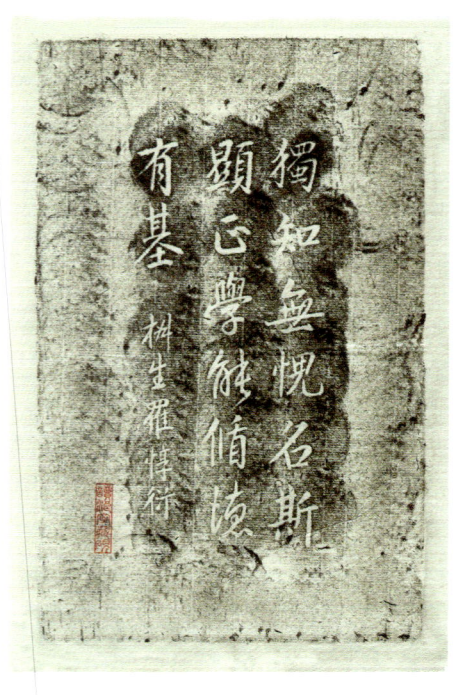

曾伴龙旗出国来
——清•郭嵩焘"一世相知"砚

在笔者收藏的古砚中，刻有铭文和名款的，其砚主大多为政坛高官和文坛名士，而身为驻外使节的，郭嵩焘是三百砚中的唯一一个。因此，他的"一世相知"砚，就有了异于众砚的背景，也就显得弥足珍贵。而这种珍贵，又因为其主人在中国近代史上特殊的地位。

我们先看看这方砚（见图）。砚呈梯形，等腰，上窄下宽，长27.4厘米，上宽13.3厘米，下宽16.5厘米，高3厘米，重3000克。砚材为端溪坑仔岩石，颜色紫中微赤，石质细致莹润，以手拭之感觉糯腻。此砚色泽单纯，不杂其他石品，颇具一种纯粹之象。砚面四边起缘，上、左、右缘浅刻回纹，砚额之下凿一长方形小池，亦围以回纹。砚堂因常用久磨，明显洼下，上面一圈椭圆墨痕，渗入石理，其色如漆，濯之莹然。砚背平坦，镌刻行书大字铭文"一世相知"，署款"郭嵩焘"，右方钤一篆印"玉池老人"。此砚之等腰梯形，其状可谓独一无二，有何寓意，不便猜测；纹饰的简朴，则似砚主性格。"一世相知"的铭文，化取前人砚铭"一日相亲，终身为伴"、"晨夕相依为命，不能暂舍"、"可终身与俱者，唯砚而已"之意，亦见砚主对此砚之挚爱。

再说说砚主。砚主郭嵩焘，是近代史上有名的人物，《辞海》收有其词条。他生于清嘉庆二十三年（1818），卒于光绪十七年（1891），清末外交官。字伯琛，号筠仙，湖南湘阴人。道光二十七年（1847）二甲第60名进士。咸丰二年底（1853年初）随曾国藩办团练。同治二年

(1863)署广东巡抚，与总督瑞麟不合，被黜。光绪元年(1875)任福建按察使，擢兵部侍郎。旋任首任出使英国大臣，光绪四年（1878）兼驻法国大臣。主张学习西方科学技术。晚年休归后，更号玉池老人，筑室曰"养知书屋"，学者称"养知先生"。擅长书法，行书尤妙。有《养知书屋遗集》、《史记札记》、《礼记质疑》。2007年8月中央电视台科教频道播映电视剧《船政风云》，剧中郭嵩焘是一位爱国开明清醒的能吏。

　　作为大清帝国派驻欧洲强国英、法的首任大使，又时在1860年英法联军入侵中国、火烧圆明园仅十余年之后，其弱国外交的劣势可想而知。郭嵩焘如何维护清廷的面子，如何折冲樽俎、周旋于外交场合，我们还须叩问史料。不过，这方"一世相知"端砚，应曾随其主人驻节使馆，参预公文，作此推测，也似无不可。文题"曾伴龙旗出国来"，亦只缘于砚主人的经历也。

砚上苍松荫可园
——清·可园主人古松砚

在笔者收藏的古砚中,有一方镌刻着"可园主人"铭款的端砚。这方砚呈半月形(见图),长18.7厘米,宽14.1厘米,高2.7厘米。砚材为端溪石,色紫蓝,质嫩滑,有浮云冻、火捺、翡翠条、金线、银线等石品。砚面左上缘及砚额浅浮雕一苍松和流云,凿一云形浅池,砚堂微洼。砚背从右往左刻四字行书铭款"可园主人"。此砚造型质朴,纹饰简洁,只求实用,不求华丽,反映了其主人的志趣。

作为一件古物,我们透过它朴素的外表,可以从它的铭文中挖掘出深刻的文化底蕴。

首先,我们可以认识"可园"。在张铁文先生所著的《可园》一书中,介绍了可园是位于东莞市城区博厦的一座私家园林,它与顺德清晖园、番禺余荫山房、佛山梁园合称广东近代四大名园。可园建于清朝道光三十年(1850),特点是面积小,设计精巧,把住宅、客厅、别墅、庭院、

铭款寄精神

花圃、书斋艺术地糅合在一起,在三亩三(约2200平方米)土地上,布置出一个亭台楼阁、山水桥榭、厅堂轩院,高低错落,扑朔迷离的世界,极富南方特色。可园内有草草草堂、可轩、可堂、绿绮楼、邀山阁等二十多处景点,点缀着众多古今书画和楹联。其中一些佳联妙句,如:"未荒黄菊径,权作赤松乡"、"大江前横,明月直入"、"雨馀窗竹图书润,风过瓶梅笔砚香"、"可赏南天美景,堪称东粤名园",至今读来,仍令人口角流香。可园的面积现在已扩大到30亩,笔者近年曾两次登临,匆匆之间,总觉未尽其妙。

其次,我们可以了解可园的主人。可园的创建人是张敬修,生于清道光四年(1824),卒于同治二年(1863),字德甫,又字德圃、德父,东莞博厦人。青年时投笔从戎,与太平天国起义军打过仗,因战功被擢拔,官至江西按察使(主管司法)署理布政使(主管财赋和人事),亦曾因战败被革职,屡经复用,是清廷的一员战将。他不但善于作战,且金石书画、琴棋诗赋都有所长,尤精于刻印,流传下来的印蜕"无官一身轻"、"可园主人"、"贵而大国贱而幽谷"等,都颇具金石味,良堪把玩。

再次,我们还可以结识曾经云集可园的文化人。他们中有当时大名鼎鼎的画家居巢、居廉,诗人张维屏、陈良玉,篆刻名家徐三庚等。这些人在近代中国的文化史上,都占有一席之位。可园客观上成了近代广东文化的一个策源地。

张敬修其人史难定位。于满清王朝,他是功臣;于太平天国义军,他是刽子手;而他所建设的可园,于岭南文化却是一份珍贵的遗产。这就好比万里长城和北京颐和园,当年百万征夫的血泪与甲午海战的惨败,凝聚成这两件稀世之宝,令人痛,亦令人惜。面对历史,我们可以诘问;但面对遗产,我们应当加倍珍惜。

"可园主人"端砚所揭示的史实,也说明了这样一个道理。

黄甲传胪寄意深

——清·胡澍螃蟹砚

螃蟹是动物中的一个另类，横行是它的一大"专利"，无肠又是它的一大特点。在筵席上它是风味奇佳的一道佳肴，清代大名士袁枚嗜之如命，每岁蟹未上市，已储钱以待，家人笑其以蟹为命，他亦自呼其钱为"买命钱"，天天大啖其蟹，无一日空缺。在文艺作品中，蟹又成为人们嘲骂的对象：没心没肺，横行霸道。前人有诗云："自信无肠一辈羞"，"看你横行到几时"。于此可见，嗜食者爱之入骨，指桑骂槐者则恨之入骨，蟹亦何辜？

不过即使如此，蟹竟也可荣登砚首，成为封建社会读书人的一种荣耀象征。君如不信，请看笔者所藏的一方清代胡澍的螃蟹砚。

此砚椭圆形（见图），长20.5厘米，宽17.8厘米，高2.9厘米，重2250克。砚材为端溪之石，其色紫中泛蓝，其质细嫩润滑，有冻纹、翡翠、石眼等石品。砚面留细缘，上半部深凿为池，池底浅刻水浪纹，池中高浮雕一对螃蟹，蟹均八足双螯，形体壮健，作上下爬行状；右上角高浮雕祥云拥月，月以石眼巧为之；砚面下半部镌如荷叶舒展，叶边微卷以作"荷叶"的点睛之笔，全叶为砚堂，受墨处明显洼下成一圆涡，可见此砚使用

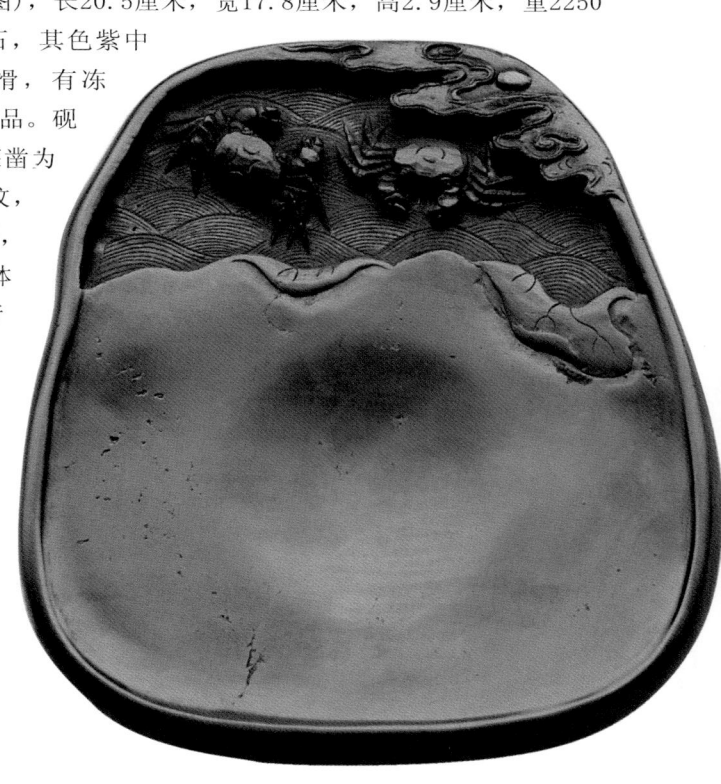

之频繁。砚背刻行书铭"黄甲传胪",上款刻"诗庭三兄大雅",下款刻"绩溪胡澍时客京",钤一篆印"胡"。

这方砚应是胡澍赠送给友人诗庭,在诗庭上京赶考之际予以勉励的,从"黄甲传胪"一语可以探到个中消息。

明清两朝,读书人在获得秀才、举人资格之后,还要到京城参加会试和殿试。殿试是最后一试,通常由皇帝在太和殿亲自主持,故又称"廷试",亦为俗称的"考状元",是竞争鼎甲先后名次的"终点"。殿试结束,被录取的新进士分为三等:一甲为"赐进士及第",二甲为"赐进士出身",三甲为"赐同进士出身"。其中,一甲只取录三名,第一名为"状元",第二名为"榜眼",第三名为"探花"。二甲、三甲共录取约三百名(即基本为会试中式人数),二甲首名又称"传胪"。进士名单要填写"金榜",用黄纸裱成,又称"黄榜"。黄榜公布时要举行放榜仪式,史称"传胪唱名"、"传胪大典"或"大传胪",由鸿胪寺官宣读皇帝"制命"之后,按三甲顺序唱名,唱名结束,奏乐,诸进士向皇帝行大礼。随后,诸进士在状元率领下,跟着仪仗队开路的队伍到宫门外张挂和观看黄榜。这就是历朝历代令天下读书人梦寐以求的"黄甲传胪"。

胡澍以"黄甲传胪"铭砚并赠之诗庭,寄托了他良好的祝愿。可惜,在清代咸丰、同治年间的进士中,却找不到诗庭其人,恐怕已名落孙山了。

胡澍生于清代道光五年(1825),卒于同治十一年(1872),字荄甫,号石生等,安徽绩溪人。咸丰九年(1859)举人,同治四年(1865)授内阁中书(掌撰拟、记载等事务),五年纳捐升户部郎中(高级部员)。工书法,尤精篆隶,得秦汉人遗意。善篆刻。偶亦画梅,清疏雅逸。著有《说文解字部目》等。

胡澍此砚,以螃蟹之"甲"(甲壳类动物)指代高中"三甲进士"的"甲",是诗文绘画中常用的手法,现在用于砚上,可谓尽得妙趣了。

人生坎坷铸辉煌
——清·赵之谦麒麟砚

赵之谦是中国文化史、艺术史上的一个重量级人物,"人们说赵之谦是一个艺术天才,更有人综合研究了赵之谦的诗文、绘画、书法、篆刻以及棋艺、琴艺之后说,赵之谦是数百年难出一个的艺术伟人"(见刘欣耕《赵之谦的篆刻》,载《书法报》2006年第49期)。《辞海》收有他的词条,所有的书法史、书法图录都有他的简介和作品,篆刻典籍中他更是一方重镇。

赵之谦出生于清朝道光九年(1829),卒于光绪十年(1884),只活了56岁。他是浙江会稽(今绍兴)人,字益甫、㧑叔,号铁三、梅庵、无闷,别字冷君,更号悲庵。祖辈经商,到父辈家道中落。他30岁时才中举人,以后四次赴京会试,都名落孙山。后因机遇,同治十年(1871)被选入国史馆任卷誊录,第二年被派江西,做了几任县令。他中年时恰逢太平天国战乱,逃亡他乡,妻及女因之病死,故更号"悲庵"。

赵之谦对碑刻考证、诗文、书法、绘画、篆刻均有杰出成就。他的书法各体皆能,初法颜真卿,有沉雄朴厚、骨肉丰美的风格;后专意北碑,能入

铭款寄精神

能化，以北碑写行书，尤为特长；篆隶师邓石如，别具特色。他的绘画作品具有文人画的特点，画中有诗，诗画结合，有深厚的文学内涵，蕴含着高雅的书卷气、清峻的士人气，极具文人风度。赵之谦的篆刻艺术成就最大，且独树一帜。他沿着邓（石如）派的风格，创造性地开拓新路，将传世碑碣法书，新发现的权量诏版、砖瓦碑刻、泉布镜铭等文字，熔于一炉，巧妙入印，创造出变幻无穷、绚丽灿烂的印章艺术。他的不少杰作，在明清印史中成为熠熠生辉的作品，是后世篆刻家临摹和借鉴的范本。

笔者收藏有一方赵之谦麒麟砚（见图），椭圆形，长23厘米，宽16.6厘米，高2.5厘米，重2250克。材质为端石，色深紫近黑，质坚致润滑，有浮云冻、火捺等石品。砚面不起缘，上部浅浮雕翻卷缭绕的祥云，云下掩一半圆之日，作砚池；云中镌一麒麟，身躯壮硕健美，龙首端庄祥和，满身鳞甲勾刻精细，回首嘘出云气，中有一绶带捆扎的书卷，此是麒麟送宝，吉祥瑞气之兆。砚背刻楷书铭文："䀹守黑，雄尚元，汝并之，以永年。"署款"同治庚午七月，㧑叔"，钤一篆印"之谦"。

同治庚午年（1870），这一年赵之谦41岁，乃入国史馆任职前一年。

赵之谦这方砚石质腻润有致，得前人所云的一个"糯"字；麒麟雕琢细致，顾盼有神，又得一个"精"字，可玩可赏。砚背铭文为楷书，虽无其书于纸绢上的墨迹以北碑融入行书中的豪放神采，但仍显示出一种雄健之骨力，结体之稳重，笔画之斩截，加上刻工之精到，大家气息，沉凝砚上。

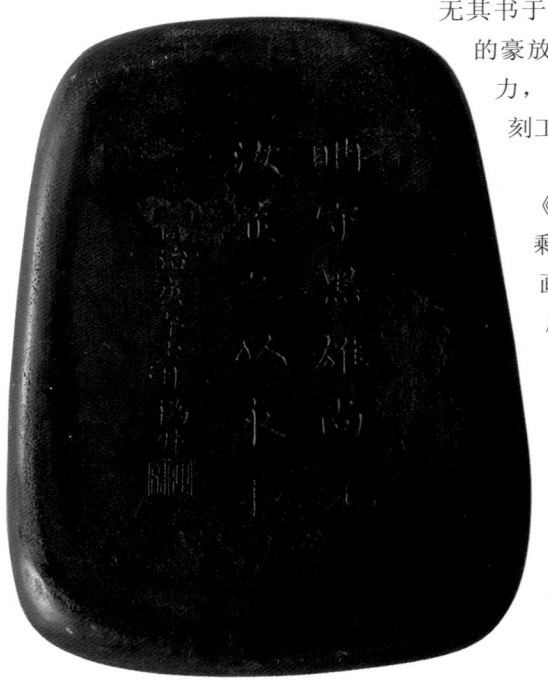

赵之谦的著作甚多，重要的有《赵㧑叔印谱》、《悲庵居士诗剩》、《悲庵剩墨》。他遗存的书画，在近年的艺术品拍卖会上，屡获高价。

砚铭纷纭另类奇
——清·万甲梅鹊云月砚

欣赏古砚，砚铭是其中一个重要方面。

砚铭溯源，最早竟可以追溯到远古的华夏始祖轩辕氏黄帝。在宋代苏易简的《砚谱》就记述："昔黄帝得玉一纽，治为墨海焉，其上篆文曰：'帝鸿氏之研。'"据当代吴战垒先生《鉴识古砚》提供的资料反映，砚铭作为一种文体，三国时就已出现，如著名诗人王粲作有砚铭，繁钦则有《砚颂》和《砚赞》。宋代开始，砚铭流行。到明、清两代，在文人用砚中，砚铭大盛。乾隆皇帝诏命编辑的《西清砚谱》，所收录的240方砚台，就几乎全都有乾隆的"御铭"，可谓盛极一时。

砚铭的种类繁多，有署名款，有记事由，有颂砚石，有赞藏砚，有抒胸臆，有言志向。砚铭的文体也十分丰富，随笔式，手札式，铭言式，或诗词，或文句，或联语，长则逾百字，简则仅一言，不一而足。砚铭的大类，自然是涉及砚石和砚台、赞砚颂砚的文字。苏东坡的两段砚铭，是此类中的典型。其一《端砚铭》："千夫挽绠，百夫运斤。篝火下缒，以出斯珍。一嘘而泫，岁久愈新。谁其似之？我怀斯人。"仅用32字，就写透了采砚石的艰难和对端砚的赞赏。另一《书砚·赠段屿》云："砚之美，止于滑而发墨，其他皆馀事也。然此两者常相害，滑者辄褪墨。余作孔毅夫砚铭云：'涩不留笔，滑不拒墨。'毅夫甚以为名言。"这则砚铭更成为后人评砚的标准。

珍惜宝砚，勖勉儿孙的砚铭，也十分常见。如明代的大藏书家毛晋，就在端砚上立铭："得之不易，藏之为宝。继我书香，子孙永保。"笔者手中有一方明代诗书画名家程嘉燧的端砚，其铭文就四个大字"传百十世"，真是用心深远。

以砚言志，铭砚喻人，是砚铭中的上品。最著名的是岳飞用过的一方砚，砚上刻有岳飞手书的八字铭文："持坚守白，不磷不淄。"是铭砚，也是言志。这方砚后来辗转传到文天祥手上，文天祥又在砚之左右两侧刻铭曰："岳忠武端州石砚，向为君直同年所藏，咸淳九年十一月十有三日寄赠天祥，铭之曰：'砚虽非铁难磨穿，心虽非石如其坚，守之弗失道自全。'"前后两个大忠臣在同一砚上留铭，堪称砚中国宝。

玩赏古人的遗砚，品咂砚上的铭文，是书窗下的一大乐事。有时读到一些颇为另类的铭文，也会发出会心一笑。笔者收藏的一方清代万甲的梅鹊云月砚，其砚铭就很有点另类，让人觉得怪怪的，真是"不按常规出牌"。这方砚（见图）长方形，长20.3厘米，宽12.8厘米，高2.2厘米，重1650克。砚材为端石，色青紫，质坚致细滑，有天青、火捺等石品。砚面上部三分一处浅浮雕梅枝、喜鹊、流云，云下凿一半月作砚池；砚堂平浅微洼，四周围以宽缘。砚背刻行书铭文"万甲道兄工书画篆刻富收藏"，署款"甲寅六月"，钤一篆印"吴江浩"。此砚奇不在石，也不在刻，就是一句铭文颇显另类。既非咏砚，也非言志，又不像记事，也不像得意文辞，倒似一则鉴定式的评语，而且实话实说，不修饰，不溢美，就是一句浅白清淡的说话，在笔者藏砚众多的铭文中，"只此一家，别无分店"，故遵照古人教导，"奇文共欣赏，疑义相与析"，公之同好，虽不疑，也不妨一赏，博君会心一笑，不枉此砚数百年间存于世上。

宣统遗臣此最忠
—— 近代·陈宝琛卧牛望月砚

中国的末代皇帝(宣统)溥仪在他的传记《我的前半生》中,写到一个逊清遗臣,感慨系之地说:"他是最忠实于我,最忠实于大清的。"

这个"他"是谁?他就是陈宝琛。

陈宝琛生于清道光二十八年(1848),卒于民国二十四年(1935),享年87岁,是一个高寿之人。他字伯潜、伯泉,号弢庵、橘隐,福建福州人。他少年得意,同治七年(1868)20岁时,即考中进士(二甲第25名),在同榜270名进士中,可算名列前茅。他仕途通达,稳步高升,官至内阁学士、南洋大臣、山西巡抚、太保。他曾因支持光绪皇帝变法,戊戌(1898)之后被革职,是一个爱国者。后来成了宣统皇帝的太傅,且在几位帝师中,以他对末代皇帝的影响最大,也最受恩宠。在宣统退位但仍居于故宫之内时,他获溥仪"赏赐"清代著名的宫廷画师王时敏所绘的《晴岚暖翠图》一卷,又"借"走了清宫内府所藏的宋徽宗御笔《临古图》和唐代欧阳询《千字文》真迹(向斯《故宫国宝宫外流失秘笈》)。他善书法,法黄山谷,瘦劲遒硬。亦擅绘画,曾于上海与另一逊清遗臣郑孝胥同以画松著称,为当时画松名家。又喜收藏古印。著有《沧趣楼集》等。

陈宝琛辞世至今已七十余年,其曾拥有的国宝级文物想已踪迹难寻。笔者有缘,收藏到他的两方遗砚,一方是明月云蝠砚,另一方就是本文介绍的卧牛望月砚了。

此砚（见图）随形，略近梨状，长21.5厘米，宽18.3厘米，高3厘米。砚材为端州水岩之石，其色紫蓝，其质坚致莹滑，有翡翠斑。砚面随石形留宽窄不等的缘，砚额下凿为池，池之左上方靠缘处利用翡翠斑高浮雕为一圆月，右上方高浮雕流云。砚池下近砚岗处高浮雕一卧牛，回首望月，意态悠闲；牛之镌工细腻，双角峻锐，牛眼圆睁，身上牛毛精致，右前腿处亦有一块莹绿翡翠斑，夺目可爱；牛身壮硕，肌腱饱满，似蕴有无穷之力。砚背平坦，刻大字铭文"笔耕"，署款"陈宝琛"。右方刻一篆字闲章"珍玩"。"笔耕"二字，以楷书出之，结构严谨，笔画中有峻利亦有圆融，有约束亦有舒展，其中长横与长竖，颇得黄庭坚"长枪大戟"之势，给人一种凛然之气。

陈宝琛善书画，其通达之时与后来的蜷伏之日，想亦以书画怡情述志，或作交际酬酢，笔砚自是他一日不离的工具。此砚之所以铭之"笔耕"，实是表露了他的人生底蕴和志趣。他在清末之熙熙，与在民初之寂寂，虽随国运而升沉起伏，那一支笔却不离不弃，伴随终身。请看《民国书法》一书中刊载的他写于83岁的一幅书法，是一首七绝，题为《画松寄仲勉》："赐书楼下支离叟，自昔吟风和夜窗。头白何年归对读，倚栏松顶看澄江。"诗中有追怀，有怅望，真是不尽沧桑之感，而这种情怀，这种笔墨，正是在他的腕底砚中流出，那真是一个老人的身世纪录啊！

纹饰出精巧

  中国古代文人砚作为达官贵人、文人雅士身份的标志，除了材质的高贵、铭款的高雅之外，还有形制与纹饰的高妙，三者之间互为表里，相辅相成，相得益彰。它们的制作水平远超出于一般砚台，应该是当时的名工巧匠的杰作。这些砚台有一个共同的特色，就是拒绝平庸，除了主要突出石质萃美而不加斧凿的平板砚之外，其他需要镌雕的砚台，或形制大气，或构思独特，或纹饰丰富，或线条流畅，大多特立独行，不事模仿蹈袭。可以说百砚百面，没有雷同。

砚中双鲤出洮河

——明·文信洮河石双鲤大圆砚

洮河古砚流传下来的十分稀少，年代久远的大砚就更显珍罕。一因洮砚开采艰难，出世不多，遗世甚少；二因洮砚物以稀为贵，巴掌大已属难觅，更大者自然难寻，故到清代有人持黄金求购也未遂愿。但是，世事沧桑，迭经岁月淘洗，珍宝也偶然浮现。在笔者的古砚收藏经历中，就遇到了一方既老又大的洮河石砚，名之为"明文信洮河石双鲤大圆砚"（见图）。

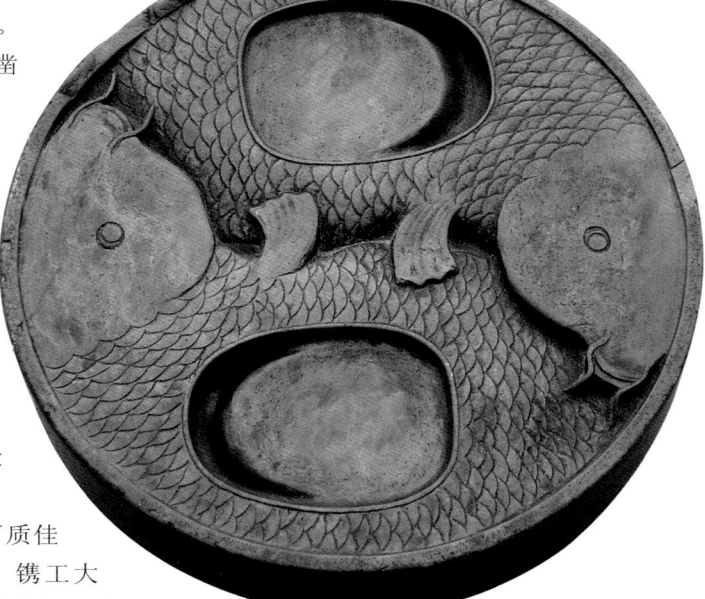

这方洮河砚凿为圆形，直径23.5厘米，高5.1厘米，重6000克，可谓一重量级大砚。全砚色泽纯绿，绿中泛起蓝色水波纹。石质坚致如玉，十分细腻莹滑，隐见冻纹和金线。

这方砚不仅石质佳妙，且构思奇巧，镌工大气。砚面雕凿成太极图形双鲤，鲤形肥硕，鳞甲精细，眼睛如活，须鳍如动。鲤身上各凿出一椭圆形淌池小砚，成砚上有砚的格局，令人欣赏之下颇觉出神入化，如见天工。砚背与砚面呼应，亦留有细缘，上方刻一线条圆转的草书"寿"字，其下凿出一圭形，圭形内刻楷书铭文"洪武四年六月"，署款"雪山文信"，钤一篆印"山水癖"。

纹饰出精巧

"洪武"为明朝开国皇帝朱元璋的年号，洪武四年即1371年，距今已六百多年。

砚的主人文信，名气不大，资料难查。笔者翻遍手头典籍，都找不见他老先生的"踪影"。后偶然于2005年7月11日《书法报》一篇文章《文信行楷书〈秀野轩记〉》中，才得一鳞半爪的消息。原来，文信是江南永嘉（今浙江温州）人，生活于元末明初，善诗文，工书法，颇有古永嘉文人的流风逸韵，可惜当时名不显，故后世知之者甚少，典籍亦多不载录。幸时至今日，尚有一二诗文书迹流存于世上。一是收藏于香港中文大学文物馆的《秀野轩记》，一是收藏于上海博物馆的《题静学斋诗帖》。从《书法报》披露的《秀野轩记》，可见文信书法受颜真卿影响较大，颇具颜体宽博正大的格局，但亦显露出一些赵孟頫、苏轼书风的痕迹。

文信作为当时名位不彰的一介文人，能拥有这样一方洮河大砚，不能不让人惊叹，个中是否有类似王羲之写《黄庭经》换山阴道士群鹅的佳话，就不得而知了。不过，此砚历经六百余年，流传至今，且保存完好，品相佳美，实属不易。历代藏家的珍惜呵护，其功实不可没。

除文信铭款之外，后来藏者没有再加斧凿，则又倍见此砚凛然之气。

据此，文信除遗存两件书迹之外，这一方洮河大砚，也是其遗给后代文化人的一件宝物，足以令人珍爱。

佛门僧侣护洮河

——明·嵩山知葱洮河石夔纹大方砚

笔者收藏有多方洮河石古砚,在《洮河玉化汉宫砖》一文中,介绍了北宋向敏中的仿未央宫砖洮河砚,在《砚中双鲤出洮河》一文中,介绍了明代文信的洮河石双鲤大圆砚,并对洮河石、洮河砚作了概述。

洮河砚在古代四大名砚中,相对于端、歙、澄泥,是稀缺品种,在当时已难寻觅,流传下来的石质上佳、雕工精美而又经名人用过的洮河砚,更是稀如麟凤,可遇不可求。正因为洮石难觅,故洮砚就显得珍贵。据笔者所见,以洮河佳石制作的砚台,几乎都镌凿精美,工艺奇绝,让人叹赏,目为之定。

这里,笔者再向大家捧出所藏的又一方洮河砚,这就是明代嵩山知葱的夔纹大方砚。该砚(见图)近方形,长21厘米,宽19.5厘米,高8.1厘米,重8000克,是一方名副其实的大砚。砚材是极佳的深水洮河石,色纯绿,质坚如玉,莹润细腻,除有洮石的水波纹、云彩纹之外,还隐现端石所有的翡翠斑、浮云冻,可称色彩典雅,让人赏心悦目。该砚六面均有雕刻。砚面浅浮雕回字纹缘,近砚额处凿一莲瓣形深池,其形甚美,下为如意形砚堂,两边为浅浮雕精致夔龙纹。砚之四侧环回浅浮雕十七尊佛门僧侣,或授经,或论辩,或打坐,或驭虎,或训鹤,或驯鹿,神态

各异,动静相映,形貌不一,浑然一体。砚背刻行书铭文:"为大法将青,能守护一切智城。"署款"嵩山知葱",钤一篆印"阴山"。

此砚有三绝,一是形体硕大,二是雕工精美,三是书法遒劲。尤其是四环侧刻的"群僧图",展开宛如一幅佛门长卷,僧侣百态,众生奇象,尽现于一卷之中。在中国,芸芸众生笼罩于儒、道、释三家的精神之下,历千百年而不衰。儒家尚正,道家尚清,释迦尚和,正、清、和三气浩然于天地,这就是孔子、老子、释迦受人们尊崇的根本。此砚的"群僧图",所表现的正是佛家的极乐世界,人与自然,融融泄泄,和谐无间,令人心驰神往。

笔者素爱诗词,在收藏古砚中曾作有《百砚赏咏》,于此砚也写有七言古风一首,现抄录如下,以祈方家教正:

一方绿玉标嵩山,如闻梵语山林间。莲池曾洗金麈拂,夔龙缠绕相连环。连环回护十七佛,山野林中何旷达。持锡论辩复谈禅,眼中岂有凡尘物!尘物微渺难通关,偈语淡静知机先。菩提树下拂蝇手,惯看人世萦神仙。神仙已入桃源走,鹤驯虎伏鹿回首。溶溶泄泄大自然,应无烽烟频争斗。争斗终时开新篇,和平二字铺岩眠。智城大法能守护,梦中香散山花妍。山花飞落砚池侧,惊起长豪蘸浓墨。一扫千崖万壑云,划裂穹庐东方白。东方海上浮三峦,瀛洲方丈蓬壶连。我移三山君莫笑,君看砚侧谁逃禅?

此砚勒铭之人嵩山知葱,生平未详,尚望高人教我。

十年面壁悟心传
——明·李光达摩面壁图砚

古印度（南天竺）高僧菩提达摩，渡海东来中国，在河南嵩山面壁九年，悟得心传之法，将《楞伽经》授予弟子慧可，创立了中国佛教禅宗，被奉为中国禅宗的祖师。一千多年来，达摩受到尊崇，一在于他开宗立派的伟大功绩，二在于他面壁十年终获彻悟的坚毅精神，而第二点更是具有巨大的人格魅力，其影响远超出佛教界。周恩来总理年轻时写有这样一首诗："大江歌罢掉头东，邃密群科济世穷。面壁十年图破壁，难酬蹈海亦英雄。"达摩十年面壁的坚忍，对后世的禅者、道者、智者、哲者，以及政治家、军事家、文化人、经济人，甚至普通的民众，都是一种榜样，一种典范。周恩来总理的诗就表达了一种景仰追慕之情。

达摩还有一件启示民众、惠及后人但被人所少知的德祉。笔者最近翻阅上海三联书店2007年出版，孙景浩、孙德元著的《商铺风水文化》，在"清末民初的洗澡业风水"一节中，有如下的记述："我国澡堂的起源，据史料记载是在两千年前的西汉时期，当时有印度高僧达摩禅师来我国传授佛教，他看到我国人民洗澡没有一个固定和像样的地方，于是建议造印度式的澡堂供人们集中洗澡。建成后很受大家欢迎。于是固定洗澡的澡堂子，就这样一直流传下来。"此书所"据史料"笔者未能考究，但达摩来华是中国的南北朝时期，而不是早近七百年的西汉，这就明显有误。但其达摩建议造澡堂一事，倘史出有据，确是一件移风易俗的好事，善莫大焉。

话说回来，在中国古代的读书人中，崇拜达摩的应不在少数。仅笔者所藏的古砚中，就有两方镌刻达摩的形象，这里介绍明代李光的"达摩面壁图砚"，请读者鉴赏。

此砚（见图）长方形，长28.5厘米，宽13.2厘米，高2.4厘米，重2500克。狭长的砚形，是明代一种常见形式。砚材为端石，色泽深紫，质地润滑，有翡翠斑点。砚额正中浅雕达摩持钵的侧身坐像，披僧袍，坐蒲团，卷发，高鼻。砚额右角刻有"达摩面壁图"五字楷书。达摩像下方凿一如意形砚池，池右刻楷书"佛日增辉"，池左刻楷书"法轮常转"。砚池之下为八卦形辟雍式砚堂，边环以沟，中间受墨之堂稍洼下。砚堂之下以行书刻有铭文："达摩出祖元像，信手拈来纸上，非纸非墨非我，逢人对面偿偿。"署款"己巳仲冬风颠"，钤一篆印"风颠"。砚背四边留宽缘，中间凹下处刻有大字楷书铭文"子孙永宝"，署款"永乐三年书"，钤一篆印"李光"。

此砚最早的署款应为永乐三年。"永乐"，乃明成祖朱棣的年号，永乐三年即1405年，至今已逾六百年。至于砚面所刻几方篆印，其中之"古希天子"，是清代乾隆皇帝的专用闲章，常见于其所鉴赏过的清宫内藏的字画上。此方砚上出现此印，显然是清代收藏过此砚的好事者所摹刻。又，此砚上达摩秃额卷发，与"诵经砚"之秃额披发，两者均为异域人形象，颇有研究价值。

砚上署名李光、风颠，其生平未能查考，尚望识者教我。

榜眼才情直士心
——明·王衡印款芝鹿砚

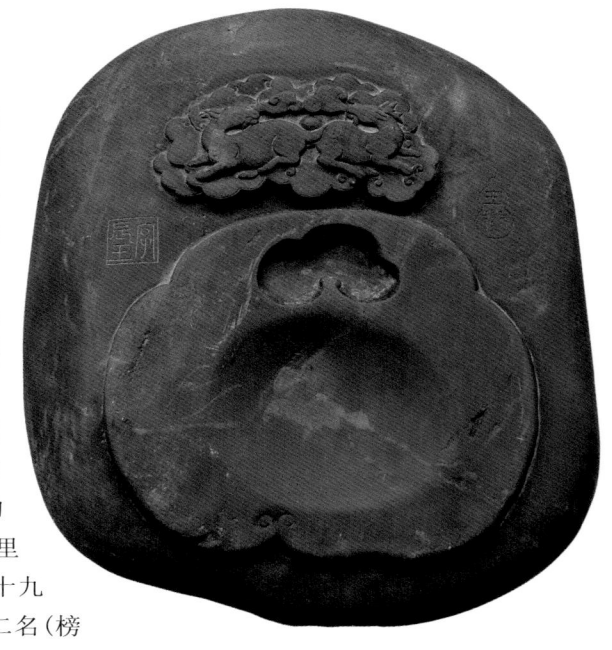

中国封建社会的科举考试，是士人晋身的必由之路。乡试中获第一名（解元），殿试中获一甲第一、二、三名（状元、榜眼、探花），那绝对是出人头地的事。这些科场才俊流传下来的试卷、手迹，已是十分珍贵的文物。在笔者的藏砚中，有几方署有这些名人款识的古砚，很值得把玩。这里介绍署有明神宗万历二十九年（1601）辛丑科一甲第二名（榜眼）王衡印款的一方砚台，与读者共赏。

此砚随形，长27厘米，宽23.2厘米，高5厘米，重6000克，是一方大砚（见图）。砚材为端石，颜色青苍泛紫，石质致密细腻，有绿色石眼、翡翠斑、蕉白等石品。砚额高浮雕一团祥云，云上雕一对伏卧之鹿，鹿口衔灵芝，作回首顾盼状，两鹿之间一颗天然圆形绿石眼，令纹饰生辉。祥云下方凸起一如意形砚堂，砚堂上部凿一如意形砚池，砚堂受墨处洼下如锅。在砚堂与祥云之间的右方，刻一葫芦形印，有二篆字"王衡"；左方刻一方形印，有篆字"字辰玉"。砚背随形留宽缘，缘内洼下成一椭圆形覆手，上刻行书铭文："静中念念，可使天鉴，不若使天无可鉴。吾取叔苴子之言，以铭吾砚。"署款"古风梁光祥"，钤一篆印"光祚"。

明砚常见大砚，似乎是当时风尚。这方砚硕大沉重，雕工粗犷大气，给人一种震撼感。

砚面上钤上印款的"王衡""字辰玉"是明代科场上一个有名的人

物。据《中国历代榜眼》一书和其他资料介绍，王衡生于明嘉靖四十三年（1564），卒于万历三十五年（1607），字辰玉，号缑山，别署蘅芜室主人，江苏太仓人，其父为明朝宰相王锡爵。王衡自小聪明颖异，读书可以五行俱下，年未及冠已有文名。万历十六年（1588），24岁的王衡参加顺天府乡试，得中第一名（解元）。同时宰辅申时行的女婿李鸿也在预选之中。由于王锡爵、申时行均为文渊阁大学士，就有人怀疑王衡是否有真才学。礼部郎中高桂、刑部主事饶伸先后上疏论劾，要求复试。王锡爵大怒，上疏申辩，言辞激烈。接着王锡爵、申时行上疏辞官。万历皇帝虽然出面挽留，却又听从高桂的建议复试此科举人，结果王衡仍为第一，其他中举者也都没有落榜。王锡爵因此更加气愤，上疏极力诋毁高桂。饶伸又出面抗疏。王、申又杜门求去，闹得内阁中无人主事。最终皇帝再次出面慰留王、申二人，并罚高桂两个月俸禄，贬官三级，调出京城；又将饶伸下狱，削夺其官职。至此科场风波始平。这一闹，倒也闹出一个"科举回避制度"，从此以后，辅臣在朝主政，他们的儿子再没有登第之人。

王衡虽然在乡试中正试、复试都是第一，证明其确有才华，但也因此远离科场，生怕一旦登第再受人怀疑。直至其父罢相多年之后，才参加辛丑（1601）科会试，得中第二名，殿试又排名第二（榜眼），授翰林编修。王衡目睹官场倾轧，名利之心因之淡泊，请准归养，不再复出。

王衡能诗善书，名动海内，诗文俱为名家。他的诗文"有权度铢两"，被时人看重。他的书法出于颜真卿、苏轼，天骨秀绝，工力兼至。论者认为，他虽然学苏轼，但苏轼却未能局限于他。他的书法，小至指尖，大至尺余，都不受约束，充满机趣。有人甚且认为，如果王衡寿命长些，其书法可直追北宋名家。

砚背铭文署款之梁光祥，生平未考。

状元朱笔点神龙

——明·张以诚识神龙砚

在明、清的传世古砚中，以龙作为主题纹饰，十分普遍。这与当时官方以及民间日常所用的器皿如瓷器、家具多以龙作装饰，倒是十分一致。这种情况，其实也反映了中国封建社会末世的时尚，也透露出一种崇拜图腾、祈求神灵护佑的世俗心理。笔者所收藏的古砚，龙纹砚、夔（龙的一种早期的简约化的形态）纹砚、麒麟（龙的另一种走兽化的形态）纹砚，以及鱼化龙纹砚、龙首龟纹砚等，就有近五十方。砚上的这些龙，形态各异，动静不一，且容貌的狞厉、驯良有别，可谓五花八门，各出匠心。镌工的繁、简，琢凿的精、粗，也在砚上一一呈现。这类雕于砚上之龙，若收罗汇聚，足可以编成一本龙之图谱。

这里，笔者仅介绍所藏的一方明代"神龙砚"。此砚（见图）凤字形，长30.3厘米，宽23.5厘米，高5.3厘米，重7000克，是一方名副其实的大砚。砚材为老坑端石，质缜密细致，抚之凝润，有鱼脑碎冻。砚额凿为池形，绕池浮雕祥云，祥云不护中，高浮雕左、右两龙，龙仅露半身，首高昂，口开张，爪伸举，两龙之中，雕一圆珠，构成一幅二龙争珠的图景。砚堂位于砚之下部正中，为方形台状，

稍洼，四周环以如意形槽。砚之右缘转左缘刻楷书铭文："维龙之化不可为，放乎天池，君子是仪，云行雨施。"署款"万历庚辰年梁岚铭"。砚之下缘刻隶书铭"神龙砚"。砚背平坦，竖刻行草书铭文"梁溪鲍际明藏"，署款"洛阳太守张以诚识"。

鲍际明，字伯参，号观如，梁溪（今江苏无锡）人。明万历二十五年（1597）举人，明万历三十二年（1604）进士。曾任广东海康县令、福建同安县令，又在江西上饶、宁都等地为官。因清政廉洁，于万历四十二年（1614）擢升至工曹。其与东林党人顾宪成、高攀龙等关系密切，经常评论时事，讨论文章，讲授学问。被公认为当时知识界的精英。

梁岚，生平未详。

张以诚（1568—1615），字君一，号瀛海，华亭（今上海松江）人。明万历二十九年（1601）进士，赐一甲一名状元，授翰林院修撰，官至右谕德。其文章宗苏轼，诗拟孟浩然，书法小楷规模王献之，时人评为"清劲有法"。著有《毛诗微言》、《酌春堂集》、《须友堂集》等。在《中国状元谱》中，张以诚名下载有一则故事颇有警世意味。故事说的是张以诚中状元之后，其父兄家人仗其声威，在乡里横行霸道，致邻里如生活于水火之中，在地方告状无门，乡人不堪其苦，进京向张以诚反映，张竟说"清官难理家务事"，并虚伪地告诉众乡里：事因张家出了个状元而起，故请各位回去后尽管诅咒张家，神明若有灵便将我张某惩罚。邻里无奈，只好以咒骂张状元泄愤。此事传至京师，张以诚的同僚们得知，议论不已。张得悉后，误以为将被弹劾，惊吓成疾，竟至一命呜呼。

且说此砚，其体形之大，镌凿之粗，都有一种凛然粗豪之气，也是明砚的一种风格。

署款中文涉"太守"二字，据《历代官制》，"太守"汉时为一郡最高行政长官，后世已非正式官名，明、清则专以作知府的别称。至于张以诚有否任过洛阳知府，资料欠缺，笔者未能考定。

一品澄泥塑巨龙

——明·龙吐珠澄泥砚

在中国砚史上,从遗存实物研究,可以看出砚台在用材方面的发展脉络。最先出现的,是距今约五千年的新石器时代的石砚,其石粗糙,其形简朴,但已具明显的砚形。到了两千年前的西汉,石砚已比较精致,用材也比较精细,且有彩绘或镌雕装饰;同时还出现了漆砚和铜铁类的金属

砚;更具突破性意义的,是产生了烧制的陶砚,这就开了其后于两晋、南北朝、隋、唐风行一时的瓷砚、澄泥砚的先河。唐以后出现的端石砚、歙石砚、洮石砚则是石砚用材走向精美的最终选择。从此,端、歙、洮、澄泥稳稳占据了四大名砚的宝座。

澄泥砚始制于唐代,是其前身陶砚的精细化。其产地主要在绛州(今山西新绛)、虢州(今河南灵宝一带)。唐代澄泥砚选泥、淘洗、糅压成

形、烘烧等有一套繁复讲究的工序，且有一系列秘方秘法，故所制成之砚"坚实如玉，叩之金声，刀之不入"。有唐一代，在端、歙未占主导地位之前，唐人评价澄泥砚为"砚中第一"。今人研究澄泥砚，认为"澄泥砚另有制法，其地道的制法因系密方，到宋代已失传大半"（台湾魏美月《澄泥砚》），故后来所制澄泥砚，都达不到唐代的水平，但其制作则至今未绝。

笔者藏有一方龙吐珠澄泥砚（见图），近正方形，长18.5厘米，宽17.5厘米，高6.5厘米，重4000克。其色为虾头红，属澄泥砚上品，其质润腻细滑，砚堂着墨处尤见莹洁。全砚除供研磨之处外，均敷之以漆，足见砚主宝爱之情。砚面起高缘，上半凿一深池，池上高浮雕一苍龙，龙首高昂，张口长嘘水气，中涵一大珠；爪为四爪，粗壮锐利；全龙护以祥云，见首见尾，极具大气。砚之四侧各刻一异形动物为饰，衬以砂地，愈见简古。砚背四角出四足，足形为全圆之四分之一，朴拙无华。腹部中间以篆书刻铭："岐王宅里寻常见，崔九堂前几度闻。正是江南好风景，落花时节又逢君。"末后署一篆印，其字不能识。所铭之诗为唐代大诗人杜甫之著名七绝《江南逢李龟年》。

此方虾头红澄泥砚，体大质沉，琢工粗犷大气，全砚涂漆障护，发出一种苍古之味。据明砚崇大崇粗，清砚求精求细之论，则此砚似可列为明代之制。欣赏此砚，一可赏澄泥质与色之精美，二可赏砚形厚与重之壮美，三可赏云龙神与态之奇美。抚拭之间，审视之际，古气浮于掌上，古韵生于眼前，令人有一种文思涌动之感。

挥毫醉听吟诗声
——明·痴庵道人太白醉酒砚

收藏古砚的人，十分看重砚上的铭文和署款。一方上佳的古砚，如无铭、款，总让人觉得少了点文化的积淀，少了点生动的灵魂，没有深度和厚度。如果一方古砚镌刻有铭、款，尤其是大名人的铭、款，则一可以拜识砚的主人，二可以据此判断砚的年代，三可以欣赏文字的书法，四可以玩味铭文的内涵，从而获得历史的、文化的薰陶；如果有多人铭、款者，更可以了解此砚的流转传承，其为古砚，又多了一个"流传有绪"的力证。因此，历来就有砚铭"一字值千金"和"砚有铭，价倍增"的说法。也因此，有的玩砚的藏家，甚至作出了"无铭不藏"的标准。

笔者收藏的一方清代痴庵道人的太白醉酒砚，就有三个名人的铭、款和印章，弥足珍贵。

此方砚为长方形抄手砚（见图），长23厘米，宽13.8厘米，高5.8厘米，重4000克，是一方大砚。其石材为端州水岩老坑石，石色深紫，石质致密，达到端砚滑、润、糯、凉的上佳质地。砚面不起缘，形如平板，上部正中镌刻戴幞头双翅帽的太白头像，其形神醉态可掬；下刻一大酒瓮，太白以两手扶持，瓮口凹下作砚池，瓮腹作砚堂；右上角刻楷书铭"太白醉酒砚"，下刻一篆印；左上角刻一篆印"胶西宋皑藏砚"，左下角刻一篆印"云间"。砚左侧刻楷书铭："质比美玉而光，德并君子端方。"署款"王昶"，下钤一篆印。砚背覆手处刻楷书款"痴庵道人"。

此砚之太白头像及酒瓮的刻工颇具神韵，寥寥数刀，神态俱出，可谓形真，情真，味真，视之令人莞尔。

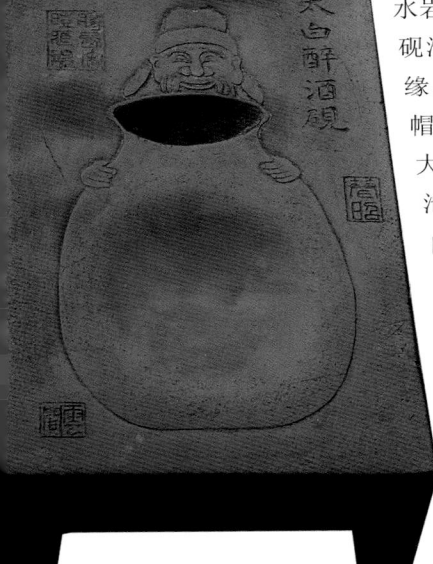
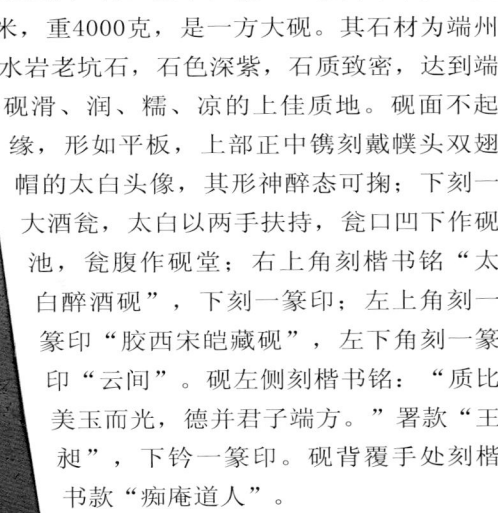

纹饰出精巧

砚上署款者三人，分别是：

王铎（1592—1652），明末清初人，字觉斯，号痴庵、痴庵道人等。河南孟津人。明天启二年（1621）进士，官至礼部尚书，东阁大学士。仕清后，官至礼部尚书。工诗文、书画，行草书独标气骨，为明清一大家，对后世影响很大。著有《拟山园帖》、《琅华馆帖》等。

王昶（1724—1806），清代学者，字德甫，号述庵，又号兰泉先生。江苏青浦（今属上海）人。乾隆十九年（1754）进士，官至刑部右侍郎。诗、词、古文、书法皆精，时称通儒。曾收罗商周铜器及宋、辽、金石刻拓本一千五百余种，以五十年之力编为《金石萃编》一百六十卷。著有《春融堂集》、《湖海诗传》等。

宋皭，字济美，号伯骧，山东胶州人，清代藏砚家，室名为"十砚斋"。

此方"太白醉酒砚"历经王铎、王昶、宋皭三人先后署款、刻铭、钤印，流传有绪，保存完好，实属难得，传承至今三百多年，弥足珍贵。笔者赏玩之余，有题此砚的古风一首，录之如下，求教大方之家：

古来圣贤皆寂寞，唯有饮者留其名。百年三万六千瓮，酒如东海吞长鲸。长安醉卧一场梦，天子呼来乌纱轻。王侯将相堪脱履，持尊喷酒青须横。酩酊犹能摇五岳，出门吹落东方星。人生处处不得意，吁嗟大道真难行。天姥庐山非吾所，且浮木筏趋东溟。浪阔烟深蓬莱渺，只闻韶乐飘温馨。回首禹甸三万里，奔雷震裂黄河冰。骑驴艰难入剑阁，嵯峨蜀道寒云凝。夜郎放归终散发，长江九派波澜生。采石矶头酹明月，一杯一杯追江声。月不能饮红飞颊，牵衣欲订三生盟。云裳缥缈随风去，持杯揽月江波惊。千古诗仙亦酒徒，美酒明月抒生平。我今捧砚对太白，犹见醉眼红盈盈。安能飞砚化明月，长照诗国真魂灵。唯愿墨池装美酒，挥毫醉听吟诗声！

芰荷如见直臣心

——清·汤斌荷叶池砚

我们欣赏古砚,除把玩砚台本身的石质、石品以及纹饰、雕工之外,还可鉴赏砚上的铭文,更进而了解砚主的生平,从中获得读史识人的教益,这就比纯粹的"玩古董"上了一个层次。

笔者收藏有一方清代汤斌的荷叶池砚,其最初的主人汤斌,就留下了不少让后人称道的故事。

先看看此砚(见图)。砚呈长方形,长23厘米,宽14.5厘米,高2.5厘米,重2250克。砚材是上好的端石,其色紫蓝,其质润泽,有翡翠点、碎冻等石品。砚面起窄矮缘,上方正中凿一荷叶形墨池,池之左下又凿一荷叶形小池,成一砚有大小两池的特色,极为少见。砚面两张荷叶,如浮于柔波一碧的湖面上,让人赏心悦目。砚面左上角钤一方形篆印,印文是"汤斌之印"。砚背四边留宽缘,缘内为一幅浮雕的"荷池鸳鸯图",荷叶如盖,莲花怒放,鸳鸯戏水,绘、琢之工均极精细。左上角刻有行书款"思堂孝纯",钤一篆印"朱孝纯印"。

此砚前后经汤斌、朱孝纯这两位康熙、乾隆朝的大臣收藏,可说是得了"名人砚"之名。

汤斌之名,正史、野史均有记载,他生于明天启七年(1627),卒于清康熙二十六年(1687),是清朝大臣、学者。汤斌字孔伯,河南睢州(今睢县)人,顺治九年(1652)进士,康熙十七年(1678)被荐应博学鸿儒科,历官至江苏巡抚、礼部尚书、工部尚书,是康熙朝的重臣。其为人耿直,因不肯贿赂当朝太傅纳兰明珠，被下毒致死。史料载他的几件逸事，很为人乐道：一是任江苏巡抚时，为民除愚解困，严禁蛊惑民智的五通淫祠，烧毁庙屋偶像；又上奏朝廷，请求减轻苏松一地的田赋及漕粮数千百石，吴地人民十分感念。二是以清介自励，敦厚风化。其于巡抚任上，恰遇康熙南巡，引圣驾自吴郡中最冷落的盘门而入，有人问他为什么，汤斌答："我不想让皇上知道吴地奢靡放荡，致有损圣德。"三是在朝严正，在朝廷上多所建言，不少人都忌讳他。有一次众大臣在朝房等候上朝，大家正促膝欢谈，见汤斌来到，竟一下全静了场，没有一人再出声。汤斌笑对人说："我今日入哑人国了。"汤斌死后约一百年，至乾隆年间被特旨追谥"文正"。平生著有《洛学篇》、《睢州志》等。

此砚上署款钤印的另一名人是朱孝纯，生于清雍正十三年（1735），卒于嘉庆六年（1801），字子颖，号思堂，又号海愚，人呼戟髯，隶奉天汉军正红旗，东海（今山东郯城西）人。乾隆二十七年（1762）举人，官至两淮盐运使（掌管盐务的官）。他工于写诗，又善画山水，所绘的孤松怪石，特别有飘逸的韵味；巨幅的花木制作则很有气度。著有《海愚诗钞》。

瓮头飞起墨花香
——清·江村铭酒仙砚

古代石砚之形制,以方形、圆形为主,唐时则有箕形,同时存在的还有大量的随形。随形者,是根据所采的石料的天然形状,不作太大的改凿,而随形就势,近拟动物(如龟、鲤之类)、植物(如瓜、果、竹之属),或什么也不像,保留璞石原貌,略加修饰而已。随形砚之佳者,往往别出机杼,状物取形,惟妙惟肖,令人赏心悦目。

笔者收藏有一方清代江村铭酒仙砚,似可列入随形砚中的妙品。此砚(见图)梨子形,长26.8厘米,宽18.3厘米,高3.5厘米,重3500克。砚材为上佳端石,其色青灰泛紫蓝,其质缜密柔润,有翡翠斑、点和火捺等石品,抚之如抚小儿肌肤,按之稍久,掌下成一潮印。

全砚凿成一饮者拥扶酒瓮形状,上部砚额处细凿成一秃额束发的人头像,三绺长髯,宽袍大袖,双手扶持酒瓮,醉态可掬。人头像之下,即为一大瓮形,瓮口为砚池,瓮身作砚堂,受墨处略显洼下。砚背刻楷书铭:"吏部瓮头春酒香,刘伶五斗日充肠,不如太白一饮千万觞,发为文章日月(光)。"钤两篆印,一为"江村",一为"宫保世家"。

江村,即高士奇(1644—1703),字澹人,号瓶庐,又号江村,赐号竹窗,钱塘(浙江杭州)人。曾供

纹饰出精巧

奉内廷,任詹事府少詹事(四品官,为备翰林升迁而设,无实职),官至礼部侍郎(正二品,部副长官)。谥文恪。精于考证,富收藏,能鉴赏。工书,尤善钟、王小楷。著有《江村销夏录》、《清吟堂全集》。

此砚除石质上乘外,最妙在于镌工。首先是构思精巧,酒仙、酒瓮连为一体,圆融和谐,不可分割;其次是琢工精细,达到清初制砚名家顾二娘的标准——圆活肥润。全砚以至每一雕痕,无处不是由曲线组成,极之圆转流畅,以掌捧持,如抚玉璧。

笔者检阅徐世昌的《归云楼砚谱》,见有一瓶形酒仙砚,其拓片图示为上大下小,与江村铭酒仙砚正倒置,其砚面人像基本相同,背后铭文小有增补,署款则为"水竹村人铭",并有"纲书"二字。

在传世的古砚中,一些有创意的纹饰,以及一些精美的砚铭,常常为后世制砚者仿摹和移刻,这种情况,时有所见。那么,江村铭与水竹村人铭两方纹饰、铭文相类的酒仙砚,就属于一原创、一仿摹的关系了。其承传的故事如何,则又难以求索,毕竟,两砚均无留下制砚者的大名。这一遗憾,正是许多精致的古砚所共有的。

浑沦吞吐一葫芦
——清·天山老人浑沦砚

古人藏砚、用砚,往往刻上铭文和名款,以示所有权,亦表示自己的风雅。而在后来砚台传世过程中,落在不同时期甚至不同朝代的收藏者或欣赏者手中,又可能再被刻上铭文或款识,署上名章、号章,这可叫做"曾经法眼",即经某人收藏或鉴赏过。时至今日,此方砚台就可称之为"流传有绪",益增其历史渊源之可信。

笔者就收藏有这样一方古砚:清代天山老人浑沦砚。

这一方砚(见图),是长方形抄手砚。抄手砚是宋代的流行砚式,元、明、清仍有仿真式制作、使用。此砚长23.6厘米,宽13.6厘米,高5.8厘米,重4000克。砚材为端石,色泽紫黄中微泛绿,可视为绿端之近支,石质莹润腻滑,有天青、金线、黄龙斑、五彩斑等石品。砚面不起缘,唯镌刻一大葫芦,其腹浑圆作砚堂,其首注下作砚池,颈系以绶带,其嘴正吞吐天地云气。砚额左方刻篆书铭"浑沦砚",右方刻一篆印"臣伯元印",右下角一葫芦形篆印"永竹",左下角一长形篆印"江村"。砚右侧楷书铭:"温润而栗,厚重而坚,惟我用之以长。"署款"竹汀居士"。砚背覆手处刻楷书铭"天山老人"。

天山老人,疑为清代顾蔼吉,字畹先,一字天山,号南原。江苏吴县(今苏州)人。康熙四十七年(1708)以贡生任仪征教谕。书工缪篆、八

纹饰出精巧

分,画工山水。著有《隶八分辨》。

竹汀居士,为清代钱大昕(1728—1804),字及之,一字晓征,号辛楣,又号竹汀。浙江嘉定（今属上海）人。乾隆十九年（1754）进士,官至少詹士(四品官,翰林官备升迁者)。其经史百家,天算地舆,无所不通。尤精金石小学,善隶书。著述等身。

阮元(1764—1849),清代名臣,著名学者、文学家,字伯元,号芸台等。江苏仪征人。乾隆五十四年（1789）进士,累官湖广、两广、云贵总督。道光时官至体仁阁大学士,加太傅。卒谥文达。工诗文,精鉴金石书画。曾在杭州、广州创立诂经精舍、学海堂。主编《经籍纂诂》,参修《石渠宝笈》。平生著述甚富。

此砚迭经天山老人、竹汀居士、阮元,还有永竹、江村等五家收藏、赏鉴、署铭、刻款,可见其当时深受青睐。

砚镌葫芦,寄寓了砚主人的良好愿望,因为"葫芦"谐音"福禄",乃古代读书人所梦寐以求。葫芦而吞吐天地之气,似也隐含了一种理想、一种抱负。

界画苍茫石不磨
——清·袁江楼台云月砚

被誉为"清代界画第一高手"的袁江，字文涛，号岫泉，江苏江都（今扬州）人。他是清代画坛的名家，作画初学"明四家"之一的仇英（仇被推为"明代工笔之杰"），山水宗法唐、宋。中年得无款宋人画稿，遂汲取宋人画法。他绘画十分重视写生，细心经营布局，取舍得宜，精益求精。所作景物曲折有致，工整严谨，别树一帜，自成一格。他尤其善于界画（在画中以画笔和直尺划直线），长于山水、楼阁、人物。据画史载，他于康熙五十九年（1720）曾作《梁园飞雪图》，被认为"极尽宫苑壮丽"。雍正时，以画供奉内廷，成为宫廷画家。他的传世作品不少，有作于康熙年间的《骊山避暑图》、《天香书屋图》、《仿王蒙山水图》、《水殿春深图》、《观涛图》、《东园胜概图》、《雪景山水图》、《柳岸夜泊图》、《梁园飞雪图》、《花果图》卷，有作于雍正年间的《山水楼阁图》、《海上三山图》，亦有作于乾隆十一年（1746）的《仿米山水图》，分别藏于北京故宫博物院、首都博物馆、上海博物馆、辽宁省博物馆、南京博物院。

袁江生卒年史无确载，现存画作最晚的署年为乾隆十一年

(1746),则乾隆早期仍活跃于画坛,由此推算,他应享寿70岁以上。

袁江传世之作虽多,但我们恐也无缘得见其真迹。好在笔者藏有他的一方"楼台云月砚",从中可以让我们直观地见识袁江的楼阁画水平,亦可对"界画"有一斑窥豹的浅表印象。

这方砚呈椭圆形(见图),长14厘米,宽12.5厘米,高2.3厘米。砚材为端州老坑石,色苍黑,质细润,拭之如抚柔肤,按之隐见掌痕,有一石眼(浅黄色"死眼",而非鸲鹆眼)。砚面上半浅浮雕楼台之一角飞檐及流云、淡月,下为平浅砚堂,受墨处因久磨明显洼下。砚背刻隶书铭:"德秀时哲,望高世族。"署款"袁江",钤一篆印"袁江"。

从砚面的纹饰我们可以看到,整个图案就像一幅楼台殿阁画的一部分,殿角飞翘,流云缭绕,月在中天,如觉天风冷然,夜凉如水。画面的简洁,构图的严谨,线条的沉着有力,无不充分显示出画家造型的功力。特别是飞檐上以界画手法划出的直线,与流云圆转的曲线形成鲜明的对比,一静一动,一实一虚,均以工笔出之,其布局立意可谓臻于上乘。

古砚的纹饰,历来异彩纷呈,或工或拙,或粗或细,或阴或阳,或柔或刚,实在百砚百面,面面不同。像袁江此砚,能推断出是画家本人着墨操刀,且能突出其绘画特长的,所见也不多。故此砚的文化价值,是让我们直接地认识了一位术有专长的画家,也见识了自唐、宋以来就流行于画坛的一种技法——"界画"。砚而有此,也就值得关注了。

古砚苍苍说重臣
——清·董诰瓜瓞砚

在清代,庙堂中有两种职位是荣极人臣、权倾朝野的,一为大学士,二为军机大臣。

清朝承明制,不设宰相,而曰大学士。清太祖皇太极始设国史院、秘书院、弘文院,各置大学士一人。顺治时改为内阁,称内阁大学士。乾隆时定为三殿三阁,三殿:保和、文华、武英,三阁:东阁、文渊、体仁,均设大学士。大学士初只五品,后定为尚书、左都御史晋阶,六曹侍郎推阶,秩位最高至二品以上。

雍正年间,因西北两路用兵,设军机房,由亲贵重臣主持,选翰林院才思敏捷者为军机章京(办理文书事务的官员)。寻常事务由内阁拟定,军国大事均由军机大臣当面奉旨处置,拟定谕旨缮写发送。军机大臣多由部、院尚书、侍郎担任,均为皇帝的亲臣重臣,人数有五六人。

清朝从入关后历267年,先后有汉籍大学士119人,这些人多为翰林出身。而能进入军机处任军机大臣的,非满族人则更为难得。我们这里介绍的瓜瓞砚的主人董诰,是其中很有特点的一个。

董诰(1740—1818),字雅伦,一字西京,号蔗林,又号柘林,浙江富阳人,其父董邦达曾官至礼部尚书。董诰为乾隆二十九年(1764)殿试名列一甲第三,后改置二甲第一(传胪),累官至大学士、军机大臣、太子太保。卒谥文恭。曾任《四库全书》副总裁。工诗古文辞,书法宗二王,能于一粒芝麻上庄书"天下太平"四字。山水画秉承家学,雅秀绝尘。在《清朝野史大观》中,有两则轶闻很见他的个性和胸襟:一是在乾隆朝,

纹饰出精巧

官场上倾轧之风起于和珅,同僚中人人提防自保。董诰与王杰虽都身为大学士兼军机大臣,但在和珅面前都俯首贴耳,形同下属。二是董诰50岁进入军机处,三十余年间,从不疾言厉色,待人礼貌周到,即使对小孩子也彬彬有礼,不肯马虎。他能久居高位,恐与此涵养大有关系。

笔者收藏有一方董诰瓜瓟砚(见图),长方形,长29.8厘米,宽17.3厘米,高2.6厘米,重3000克。砚材为端石,其色紫中泛赤,石纹隐隐显露,石质十分幼腻嫩滑,抚之如凝脂,击之发木声。砚面之四边留8毫米宽之框缘,缘上保留黄绿色的天然石皮,呈现一种玉质感和山野之气。砚额高浮雕一蔓数个南瓜和瓜叶,部分瓜皮、瓜叶亦保留石皮之暗绿色,颇具生趣。一大瓜下垂,凹下作砚池。砚堂微洼,积墨透入石骨,石理彰显。砚背刻楷书大字铭文"心旷神怡",署款"董诰",钤一篆印"柘林",铭字颇见羲之书风的姿媚之态。

从前述董诰的性格,再对照"心旷神怡"的砚铭,可知其人对人处事的乐观、旷达,也可证此砚是他的遗砚无疑。

书画全能见捷才
——清·赵秉冲"花香鸟语"砚

中国古代的读书人,大都期望"学成文武艺,货与帝王家"。要达此愿望,只能通过科举考试的途径,从万万千千的竞争者中,脱布衣,成秀才,获举人,中进士,才有机会跻身仕途,舒展一身文武之艺。除了科举这一"独木桥",也有一些人得到偶然的机遇,不期然而平步青云,得以颖脱于囊。清代乾隆时的书画家赵秉冲,就是一个例子。

赵秉冲是清代乾隆、嘉庆年间人,字谦士,号研怀,上海人。他博雅好古,擅书法,真、草、篆、隶俱工;善绘画,梅、兰、竹、菊皆精;能摹印,尤其喜欢金石之学。他未通达之时,羁旅京师,正如杜甫所谓"旅食京华春",一直都未遇到赏识之人。他的兄长秉渊做京官,任内阁

中书(负责撰拟、记载、翻译、誊写),随从乾隆皇帝往热河避暑。秉冲请求兄长带上他。在热河,一日,乾隆坐于碧纱橱内,对阿桂相国说:"这里应该布置书法、绘画各四幅。"相国出来,与秉渊商量,但仓促之间无法办到。秉冲知道后,向兄长说:"让我试试。"于是写真、草、篆、隶四屏,又画梅、兰、竹、菊四帧,呈上御览,乾隆表示赞赏。回京后,刚

好碰上懋勤殿人员出缺,相国就推荐赵秉冲补上。乾隆问:"他就是在热河作书画的赵秉冲吗?"立刻就召见他,并准许他以监生(国子监生员)身份挂珠入朝当值,不久又钦赐举人。后来,赵秉冲一直做官做到户部右侍郎,相当于今天的副部长级了。他身后有书、画传世,当代的《中国古代书法家辞典》就收入了他的一副楹联。一个平常的读书人,能够为皇帝这个大"伯乐"相中,可谓稀而又罕了。

笔者收藏有一方署款赵秉冲的砚台(见图),为随形,长31厘米,宽18.2厘米,高2.6厘米,重3250克,是一方大砚。砚材为易水石,故又称易水砚、易石砚,其色紫红,其质腻滑,有绿色玉质石层。砚面表层绿石雕镌出环绕一周的流云,右上角云下掩一圆月,左下方浮雕出荷叶、荷花,一翠鸟展翅立于荷叶之上,似飞未起,似停未稳,充满动感。砚堂研磨洼下之处,露出石之层次,仿如树木之年轮。砚侧环绕一圈绿带,如玉带围腰状。砚底平坦,雕四字行书铭"花香鸟语",署款"赵秉冲"。

据胡中泰编著的《中国石砚概观》介绍,易水砚,其石产于河北省易县境内,传说始产于唐代。其石质细腻温润,石色艳丽丰富,主要有紫、绿、黄、白等色,石色依石层显现,有的为一层紫一层绿,也有一截紫一截绿,还有绿色成点如端石中的眼,其中以紫色为主,故有"南端北易"之说。易水砚注重雕工,此砚即可算一例。易水砚还以巨砚闻名,2008年1月落户于北京丰台区世界花卉大观园的"中华第一龙砚",长13.8米,宽3米,重66吨,就是用易水石雕凿而成的。

易水,在中国的诗歌史上,以荆轲西入秦刺秦王,于易水畔告别燕太子丹作歌而闻名,其歌曰:"风萧萧兮易水寒,壮士一去兮不复还。"抚砚之际,似可聆听远古悲歌。

枇杷小砚记神仙
——清·钱杜枇杷砚

象生形的石砚,常见的有山形、田形、象形、牛形、鱼形、瓜形、果形、叶形等,其中叶形砚中以荷叶形较普遍。笔者收藏有一方清代钱杜的枇杷砚,其砚形却是枇杷叶,是较少见的仿生形态。

枇杷是一种十分大众化的植物,其果是很受欢迎的水果,色泽金黄,甜酸适度;其果与叶均可入药,中药的川贝枇杷露、枇杷膏,功能止咳润肺,深受患者青睐;而蜜饯枇杷,又是人们日常消闲口食之最爱。

枇杷很早就走进诗人的作品。最推崇备至的,要数唐代大诗人白居易的《山枇杷》:"深山老去惜年华,况对东溪野枇杷。火树风来翻绛焰,琼枝日出晒红纱。回看桃李都无色,映得芙蓉不是花。"后来的诗人,吟咏枇杷也有不少佳句,如"摘尽枇杷一树金"(宋·戴敏),"枇杷一树十分黄"(宋·杨万里),"上苑落金丸,……恰似戒珠三百颗,琥珀沉檀"(清·吴梅村)。

枇杷入砚,砚主是否别有寄托,我们倒可以揣测一下。此砚(见图)卵叶形,长14厘米,宽10厘米,高1.8厘米,是一方袖珍小砚。砚材为端石,紫绿双色,上层紫色,砚侧环绕一圈绿色石脉如玉带,下层浅绿色,石质极莹润细腻,抚之十分柔滑。全砚镌为卷枇杷叶形,叶尖上翻,一砚皆活。砚额浅浮雕一枝枇杷,叶二,果五,另一离枝果洼下作小浅池。砚堂微洼,古墨痕渗迹

纹饰出精巧

斑斑，濯之不去。砚背色纯绿，阴刻两行隶书铭："汾阳寿考，河上神仙。"署款"钱杜"，钤一篆印"叔美"。

铭文用了两个典故。汾阳寿考，是指唐朝名将郭子仪，平安史之乱功居第一，进封汾阳郡王，享寿85岁。同代人杜甫有诗云"功业汾阳异姓王"，宋代辛弃疾亦有诗云"君家富贵有汾阳"，可见汾阳王在古代读书人心目中的地位。河上神仙，用典见晋代葛洪《神仙传》，说的是汉文帝时，有河上公者，结草为庵于河之滨。文帝与诸王大臣读《老子经》，有所不解，即亲幸茅庵躬问之，获公授《素书》二卷。后人有诗记之："河流无日夜，河上有神仙。""关门令尹谁能识，河上仙翁去不还。"

钱杜此砚铭文用这两个典故，一为仰慕富贵功业，一为追慕神仙逍遥，都反映了古代知识分子入世与出世求其相容的心态。那么，砚以枇杷为饰，是否取其果黄如金，昭示富贵，又果实累累，象征子孙绵绵不绝呢？

砚主钱杜，生于清代乾隆二十九年（1764），卒于道光二十六年（1845），初名榆，字叔枚，更名杜，字叔美，号松壶，又号壶公等，仁和（今浙江杭州）人。曾官云南经历（职掌出纳文书），游踪逾万里。工诗，精画，书学褚遂良、虞世南。蒋宝龄《墨林今话》云："叔美年七十五而精神矍铄，尚能作细笔山水、蝇头小楷，一如文衡翁（文徵明）晚年。"

山鬼原来是爱神
——清·眉道人山鬼驭豹砚

中国古代伟大诗人屈原,在其浪漫主义诗篇《九歌》之《山鬼》章中,有这样的描写:"若有人兮山之阿,被薜荔兮带女萝。既含睇兮又宜笑,子慕予兮善窈窕。乘赤豹兮从文狸,辛夷车兮结桂旗。被石兰兮带杜衡,折芳馨兮遗所思!余处幽篁兮终不见天,路险难兮独后来!……"这里把"山鬼"的衣饰、容貌、举止、情感,以及她的车、乘、居住的环境都叙述得明明白白,如在目前。据专家研究,上古之时,神、鬼不分,或神、鬼一体,所谓"鬼"绝没有后来描写的恐怖。屈原所唱诵的"山鬼"其原型实际是传说中的巫山神女。巫山神女原是赤帝之女瑶姬,未嫁而卒,葬于巫山,后人据此编衍出不少故事。在传说和故事中,巫山神女变成了"东方爱神"。而在屈原的《山鬼》中,我们早就可以领会到这位"山鬼"——爱神的"丘比特之箭",请看:"折芳馨兮遗所思"——把芳香的花朵送给思念我的人!多么大方,多么深情!鬼、神、人不是一个统一体吗?

自屈原的《山鬼》之后,在中国的文学、绘画、雕塑作品中,"山鬼"的形象代出不穷。在古代的砚雕中,竟也出现了"山鬼",真是令人拍手称妙了!

笔者收藏有一方清代眉道人的山鬼驭豹砚（见图），以山鬼为纹饰题材，在芸芸古砚中，应是独一无二的。这方砚随形近椭圆，长19.2厘米，宽13.6厘米，高3厘米。材质为端石，色紫中透蓝，质极润滑，有一颗绿色长椭圆形石眼（象眼），有翡翠点、金线等石品。砚面不起缘，砚的上部浅浮雕二女鬼各驭一豹行走于山林间，岩崖耸峙，祥云缭绕，其下凿一云形深池。画面很容易让人想到屈原《山鬼》一诗的情状，唯二女披、带的不是薜荔、女萝，而是人间的衣物，这是该砚作者在浪漫中融入了现实生活的表现，终究脱不净世俗之气。而纹饰构图意境的幽绝，刻工的精细，又让人览之如入神话之境。此砚图奇、意幽、味深，加之包浆厚腻，拈之手上，古意盎然，令人神清气远。

砚背阴刻大字楷书铭"眉道人赏"，不署年款。

眉道人即觉征，清代乾隆年间人，字省也，号白汉，又号眉道人，浙江嘉兴人。出家为僧，住杭州西湖南高峰。他工于书画，尤擅山水，清秀规整，泼皴重染，极见工夫，论者谓"虽一树一石，过于重峦叠嶂之妙"。笔者收藏的这方砚，虽以人物为主体，但画面上之山水岚气，映衬渲染，也尽得自然之妙，非有深厚功底，难以臻此。

蟠桃入砚砚含春
——清·殷树柏桃叶桃实砚

笔者收藏的这方砚（见图），形状是十分规整的长方形，长22.8厘米，宽14.2厘米，高2厘米，重1500克。石材为端溪石，石色紫中泛蓝，石质细致腻滑，有青花、火捺、金线等优质石品，是十分优良的砚材。砚面留细矮缘。砚堂上左方浅浮雕一枝蟠桃，双桃双叶，其中大片的桃叶洼下作砚池。砚背刻一行书砚铭，是一副对联："如我诗成聊自适，愿君酒满兴无违。"署款"殷树柏"，钤一篆印"曼卿"。

殷树柏(1769—1847)，清代书画家，字曼卿，号云楼，晚号嫩云，又号西畴桑者、汝南柏子，所居名云楼、一多庐，秀水（今浙江嘉兴）人。贡生（秀才考选升入国子监读书的称谓）。擅书法，远师柳公权，近参汪士铉。善绘画，工花卉，兼宗陈道复、恽寿平法，参入己意，下笔恬静，无烟火气。特别擅长画小幅，天真闲淡，有风人之致。晚年喜画蔬果，更觉天趣横生。又好刻竹，为一时妙手。能诗，有《一多庐诗钞》。

殷树柏这方砚，有四点值得欣赏：砚石可赏，纹饰可赏，铭文可赏，书法可赏。

砚石是很好的端溪石，具有水岩石的紫蓝色泽，淡雅悦目；以手抚砚面，如触绸缎，又如抚柔肤，只感腻糯；按之稍久，手掌潮润，砚泛湿痕；数种石品附于砚上，更为佳砚生色。

砚面所镌桃枝纹饰，深得画理之妙，又深得天趣之形，桃之一大一小，叶之一老一嫩，互相映衬，可谓珠联璧合；桃之浮凸，叶之凹洼，桃之如翘，叶之欲卷，极其生动，可见绘者与镌者察物之细与琢工之精，非一般庸工可比。

砚之铭文，以联语出之，上下联组合，如与友人把盏持螯，娓娓叙谈，一种淡泊功名、寄情诗酒的人生态度，透出砚底，淡淡地、悠悠地渗入赏砚者的心中。对仗的工稳，平仄的协调，也达到了无懈可击的上乘水准。

砚铭的书法，也是此砚的一大亮点。殷树柏书法，取唐代大家柳公权之法度，得清代"国朝第一"（《昭代尺牍小传》评语）的汪士铉的风致，结构严谨，用笔挺秀，瘦硬中有疏朗之气，的确当得起宋代米芾评价柳公权书法的赞语"神气清健"。

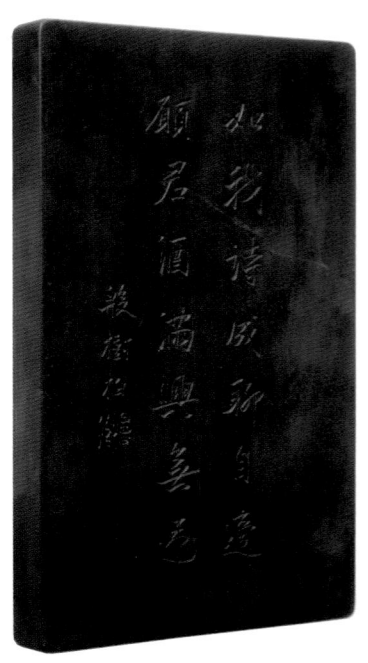

此砚配有纹理细致的柚木盒，盒面刻有"端溪神品"四字。

松龄鹤寿白云乡
——清·汪昉古松双鹤砚

古松高矣,竟雕出、鬼斧神工奇物。砚上蟠龙凌九宇,根扎苍崖铁壁。翠叶拿云,坚柯揽鹤,笑拥千秋雪。群峰如浪,幻成百代人杰。

抚石遥接风雷,对冰精玉魄,金声齐发。墨涌深池沤漫处,云水翻腾明灭。沐我初阳,端溪横腕下,气蒸华发。龙旗远去,只余寒砚明月。

——这是笔者用苏东坡"大江东去"词韵写的一阕《念奴娇》,所

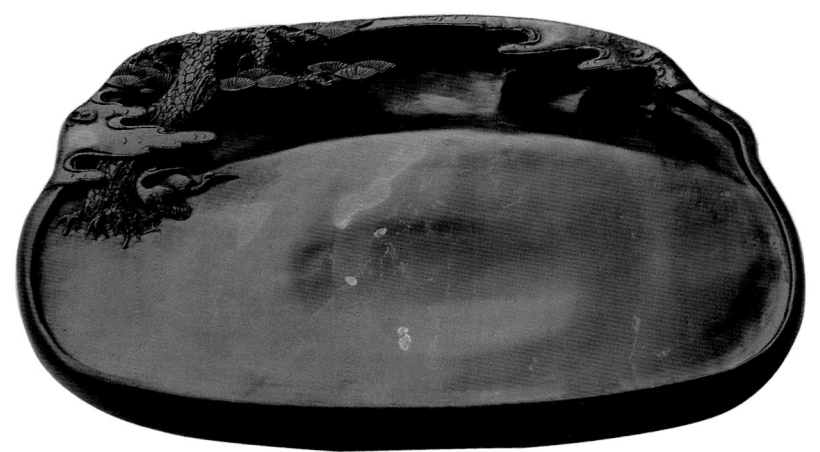

咏即清代汪昉的"古松双鹤砚"。

古人之砚,雕刻青松白鹤的不在少数。这方砚镌石上松、鹤,寓意深远。先说鹤,中国第一部诗歌总集、近三千年前的《诗经》,在《小雅·鹤鸣》章中就有"鹤鸣于九皋,声闻于野"的描述,鹤鸣是如此辽廓旷远;唐代孙昌胤咏鹤:"群飞沧海曙,一叶云山秋。"褚载赞鹤:"沙鸥浦雁应惊讶,一举扶摇直上天。"又写出了鹤的奇唳与清高。再说松,松之气节与孤高,历来入画入诗,令人景仰。南朝梁之陶弘景,在诗中为松描画了身世:"山中何所有,岭上白云多。"明代袁宏道则一唱三叹:"一番霜雪一番姿,铁干铜肤自小时。"真不吝赞美之词。次说石,唐代白居易咏石:"烟翠三秋色,波涛万古痕。削成青玉片,截断碧云根。"

所写本是太湖石，但移至端溪石，似更恰切。而鹤、松、石，都可冠一"寿"字，傲立百世、俯览千秋也！

汪昉这方古松双鹤砚，就蕴涵了主人的深深寄托。此砚（见图）随形，长26厘米，宽17.5厘米，高3厘米，重2750克。此砚可谓佳妙双全：一是极佳端溪下岩石，其色深紫，其质润滑，最难得有两颗鸲鹆高眼，晶莹翠绿，且有瞳仁，砚面还有金线、翡翠斑两种名贵石品；二是极妙镌刻之工，砚额凿为一字弧形深池，池左方高浮雕一古松，松皮老若龙鳞，松根刚如龙爪，松针张如罗伞，松下立双鹤，鹤首翘望，若有所思，松腰系一流云，池右方砚缘亦雕作流云，左、右云间均露一鸲鹆眼，如星月然。砚背阴刻行书铭："江山开眼界，风雪炼精神。"署款"汪昉"，字体工整瘦硬，颇见功力。全砚雕工精细，线雕、浅浮雕、高浮雕、圆雕、透雕俱出，活脱脱一幅立体工笔国画，见者无不抚赏再三。

砚主汪昉（1799—1877），字叔明，号菽民，又号啜菽老人，阳湖（今江苏常州）人。道光二十四年（1844）举人，官山东莱州府同知。画善山水，不失元人尺度。中年所作，颇臻妙境。书临赵孟頫，姿态秀逸。间作分隶。尤精鉴赏。著有《梦衲龛集》。

坐拥书城万卷楼
——清·陆心源太平有象砚

2006年12月16日《羊城晚报》刊登了一篇文章《书楼墨香》，文中说：据文献记载，大概在北魏(386—534)年间，中国出现了最早的私人藏书楼。此后的一千五百年中，中国相继出现过几千座藏书楼，其中有一定影响的达一千多座。

在众多的藏书楼中，历尽沧桑，聚而又散，在中国的文化史上留下令人嗟叹感慨一页的，在明代有浙江宁波范钦的"天一阁"，当代学者余秋雨有《风雨天一阁》一文缅怀之；在清代则有浙江吴兴陆心源"皕宋楼"、"守先阁"、"十万卷楼"。陆心源正是笔者收藏的太平有象砚的主人。本文先说砚，再说人，然后说楼。

陆心源的这方砚(见图)随形，略如梨状，长22厘米，宽18厘米，高2.2厘米，重1500克。砚材为端石，色泽青紫，质地极细腻柔润，有大片翡翠斑，有众多翡翠点。砚面琢为大象之形，砚额为象首，上镌象眼、象嘴、象牙、象耳，左缘则镌为象之长鼻，鼻端处弯曲内卷，镌凿之功可谓上乘，寥寥数刀，大象形神俱出，竟至栩栩如生。象身洼下为砚堂，砚堂与象首之间凹下一沟作砚池。砚面设计之妙，足以让人观摩再三。更让人赏心悦目的，是天然生成的翡翠斑，碧绿莹润，占了砚面近半，观者不得不暗中为天工之奇妙发一声赞叹！砚背留有宽缘，缘内凹下凿留九根石柱，柱上均有绿豆形翡翠点，如众星拱列，灼灼生辉。

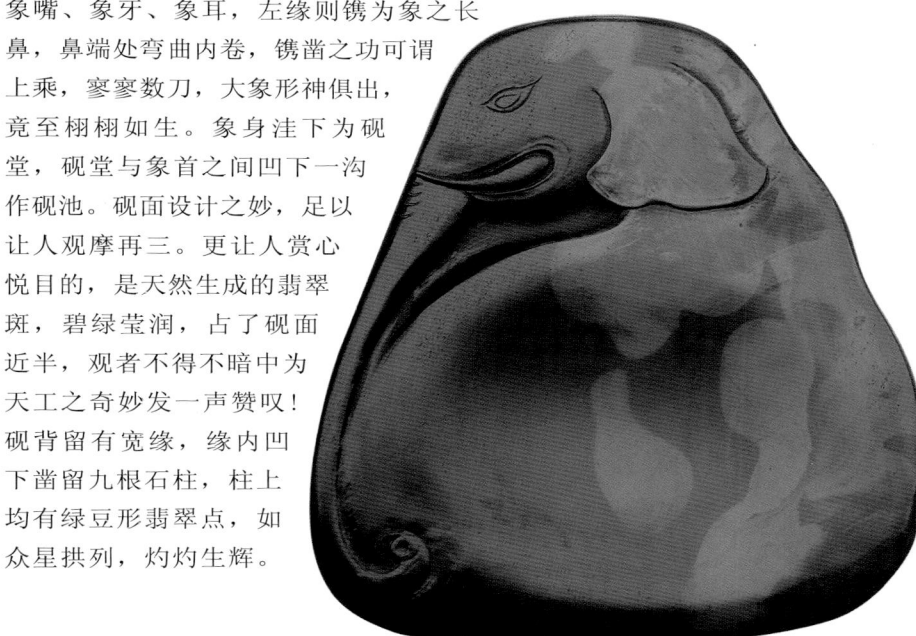

中间平敞处，刻楷书铭款"光绪戊子陆心源藏"，其右钤一篆印"存斋"。

砚主陆心源，《辞海》、《中国历史人物辞典》、《中国美术家人名辞典》均收有其词条。他生于清道光十四年(1834)，卒于光绪二十年(1894)，字刚甫，号存斋，晚号潜园老人，浙江吴兴人。他咸丰时中了举人，后步入官场，光绪时官至福建盐运使。他富于收藏，精于金石之学，著有《金石学录补》、《穰梨馆过眼录》。他能在中国文化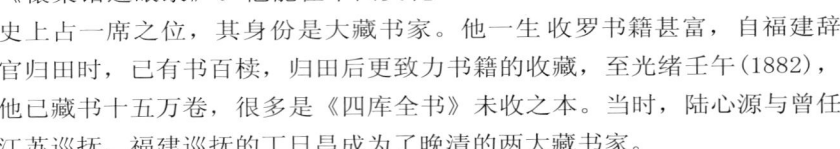史上占一席之位，其身份是大藏书家。他一生收罗书籍甚富，自福建辞官归田时，已有书百椟，归田后更致力书籍的收藏，至光绪壬午(1882)，他已藏书十五万卷，很多是《四库全书》未收之本。当时，陆心源与曾任江苏巡抚、福建巡抚的丁日昌成为了晚清的两大藏书家。

陆心源的藏书，分别藏于"皕宋楼"、"守先阁"、"十万卷楼"。"皕宋楼"最受海内外注目，因为楼中收藏了他呕心沥血搜寻到手的两百部宋版书，还有一些元刊及名人手抄、手校的书籍。宋版书在明代时已按页论价，晚清时一页价近一两黄金，时至今日，一页价以一万元计矣！让人莫名叹惜的是，在陆心源辞世仅13年(1907年)后，他的儿子树藩即将"皕宋楼"所藏的宋版书，以十万银元卖给了日本人岛田翰（《清稗类钞》记为岩崎某），书运到日本，日人"举国狂欢""如过节一样"。这一"书殇"轶事，2007年7月15日深圳电视台的"盛世收藏"栏目作了介绍。在民国徐珂编撰的《清稗类钞》一书中也有记载，并有背景式的说明：日人将书买到手之后运回日本，贮藏在静嘉堂文库。日本所藏中国的典籍，原来缺史部、集部，由于得到了"皕宋楼"的宋版书，齐了，"举国相庆矣"。

陆心源留下了他所著的《潜园总集》，其藏书则已星流云散了。民国时，袁世凯的二公子袁寒云也曾收藏过两百部宋版书，其藏书楼就叫"皕宋书藏"，至于其书何在，恐亦已成谜。

又，据资料记载：民国中，一两黄金兑换一百银元。则十万银元等于一千两黄金。两百部宋版书何止一千页！陆树藩与日人的交易，同样是一个谜团。

毕竟貔貅近半龙

——清·半龙貔貅砚

貔貅是古代传说中的一种猛兽，龙首，猪身，鱼鳞，牛尾，鹿蹄，体形臃肿，样貌奇特。在国家，以之比喻勇猛的军队；在商家，以之比喻守财的神兽，因为据说貔貅没有肛门，只进不出，这正迎合了商人的心理，招财进宝，多多益善也。

而笔者收藏的这方古砚，砚主是"半龙"，倒正吻合貔貅的形象，故以貔貅入砚，也算是自图其形、自我宣传吧！

这是一方大砚（见图），长方形，长25.4厘米，宽16.5厘米，高5.3厘米，重5500克。砚材为端石，其色青灰透蓝，其质细腻润泽，抚之柔糯如缎，按之稍久即见水痕，有火捺、鹧鸪斑、鱼脑碎冻、翡翠点等石品。端砚之材，有如此之大、如此之品者，实不多见。全砚琢为规整的长方形，砚面围以细缘，砚额左右两角高浮雕流云，额下凿一深池；砚岗高浮雕一貔貅，头为龙首，雕刻精细，眼、鼻、角、鬣，玲珑凸现，神态生动；身躯壮硕饱满，四足作前行状，极富动感。砚背留宽缘，中间洼下为覆手，刻行书七言绝句一首："刻成青紫玉如泥，几度经营日驭西。一自神君拂袖去，至今魂梦绕端溪。"署款"半龙"。

砚上这首七绝，应为移刻。原诗为清初康熙进士，曾官四川江津知县，后做应天府丞的余甸所作，见于乾隆年间所编的《西清砚谱》，在"旧端石石田砚"砚背右方即刻有此诗。半龙移刻时,"驭"字刻了别字。

据《清人室名别称字号索引》(下),"半龙"即许观,吴江人,字观曾,号盥孚、半龙,室名静观轩、师让小筑。生平未详。在近代邹安(1864—1940)所编著的《广仓砚录》中,收录有一方随形清代之砚,背部刻有署款"半龙"的隶书铭文:"石留水,水润石,功相资,益并获。君子占之,曰震泽。"

端溪因采石不易,佳石稀有,故自古即罕见并价昂。当时的读书人,甚至处身文坛的达官贵人,都以能获得一方上品砚为荣。小而佳者已属难得,大而佳者则更奇货可居。但事情往往有例外,即以半龙此砚为例,完全可以一分为二甚或一分为四,一砚变为两砚或四砚,仍不失为佳砚。为什么半龙却不嫌其大,不嫌其重,置实用于其次呢?想来答案只有一个:可以夸耀于人而满足虚荣心也!那么,此砚已进而变为观赏砚,似乎也就顺理成章了。

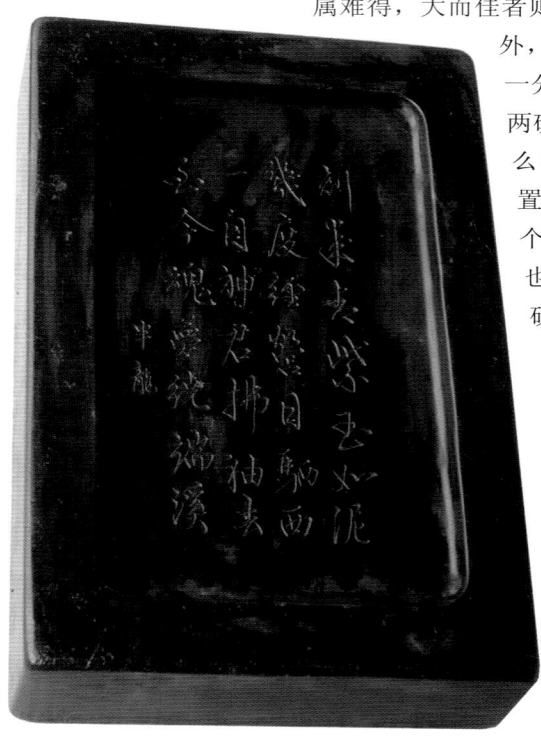

纵横砚上血痕斑

——清·冻井山房六棱辟雍砚

中国古代砚台制作所用的石料，其品种之繁多，可谓指不胜屈。据中国工艺美术大师、江西省婺源县龙尾砚研究所所长胡中泰编著的《中国石砚概观》一书介绍，有史载，有物证的砚石就有四十多个大类，而在一些大类中，又包含有若干小类，如歙州砚中就有龙尾石、祁门石等八种，鲁砚中就有青州石、紫金石等十种。除有名有姓、人们熟知常见的砚石之外，也还有一些砚石虽遗存有实物，却查不出产地，又叫不出名称，于史无稽，无门可入的，只好暂时作存疑。这也说明了我们的古人所使用的砚台，其材石分布之广、材质之众，在中华文明的传承上，这些珍贵的石头所作出的贡献，是让人不敢轻易淡忘的。

笔者手上就有这样一方查不出产地、叫不出石名、无法归类的砚台，这就是清代冻井山房六棱辟雍砚（见图）。这方砚呈六边柱形，对边外沿距离14厘米，边长8厘米，高11.8厘米，重5000克。此砚色泽如黄色象牙，石上布满艳红如血的斑纹，红黄相衬，十分悦目；石质坚硬类玉，近似石英；以手抚砚面，莹滑细腻，按之稍久，掌下潮润。

这方砚台的雕工别具一格。全砚凿为六边形，状如短柱，又如柱础。砚面留宽边缘，缘内凿环形沟作为墨池，中间凸起为一圆形砚堂，堂周略起细矮之缘。六个侧面均成"开光"形式，分别镌刻阳文篆字"林氏子孙宝用"，每个字高7.5厘米，宽4厘米，端严朴厚，透出一种沉稳之气，字下琢为砂地，又有一种金石之味。砚底亦留宽缘，中间凹下，钤一方形篆印"冻井山房"。

　　此砚主人无疑是林氏。但"林氏"者多矣，实在难以考辨。而"冻井山房"是否为林氏的室名或书斋，笔者亦不能下一结论。据上海古籍出版社出版的《清人室名别称字号索引》一书，只查出一个室名为"冻井山房"的人物，此人为黄虞世，字成运，号韵亭，福建永福人。那么，这个黄虞世的"冻井山房"与砚上的"冻井山房"是否同一斋室，抑或黄虞世与林氏有何瓜葛，或者黄虞世与这方六棱辟雍砚有否关系，这些问题恐非笔者的孤陋寡闻所能解答，只好存疑了。

　　不过，作为一方砚台，尽管并非端、歙、洮河、红丝等佳石，但此砚的石质、石品，以及镌工，都是良堪把玩的。它既是一方实用砚（从古墨痕迹之渗透可知），又可作为一方观赏砚。至于材出何地，砚主为谁，且留给高人点拨吧。

秦篆雄强镌石鼓
——清·舜逸鼓形砚

在《中国名砚鉴赏》一书中，收录有一方明代顾从义摹刻石鼓文石砚，此砚刻石鼓文434字，是从北宋石鼓拓本摹刻的，成为宋代石鼓文的模型，并作为后人研究石鼓文的字行排列和复原石鼓文的重要依据。此砚原为天津文物收藏家徐世章所藏，现藏于天津市艺术博物馆。

石鼓文是我国最早的石刻文字，是用籀文书体刻在花岗岩石墩上，因石墩形似鼓，故称为"石鼓文"。现存的石鼓文是宋朝收集的十石鼓，分别刻有十首四言诗，记载春秋时秦国国君的一次狩猎活动，对于研究秦史和古地理、古地名、古动物、古植物都是宝贵的史料，故被康有为称为"中国第一文物"。

秦石鼓所刻的文字为秦统一中国前的大篆，亦即籀文，这种文字字形、字义很为古奥难识。苏东坡在《石鼓》诗中说："旧闻石鼓今见之，文字郁律蛟蛇走。细观初以指画肚，欲读嗟如钳在口……"连博学多才的苏学士都无法解读，历代学人对其研读探究，著作更是不下千百。今存石鼓，文字残损，宋拓本作为最佳拓本，可惜亦已散失，有几个精美的拓本（《先锋》、《中权》、《后劲》）也流落在日本。使得顾从义石砚成了宋拓本的刻石标本，弥足珍贵。

时至今日，我们想亲见秦石鼓，或一睹顾从义砚的尊容，实在也不容易。要认识石鼓文，固然可读郭沫若的《石鼓文研究》，但要接触立体的实物，似也无可奈何了。好在，笔者藏有一方鼓形砚，亦刻有16字籀文，似可解望梅之渴。

此砚笔者名之为清•舜逸鼓形砚（见图），矮圆鼓形，直径12.5厘米，高4.3厘米。砚材为端溪石，色紫蓝，质细嫩。全砚琢为凸腹之鼓形，砚侧镌一上一下两圈宽弦纹，砚面留宽缘，缘上刻两圈细线，缘内为环形砚槽（池），砚槽包围一凸起的圆形砚堂，成辟雍式；砚背深凿如锅形，可作墨海使用。

此砚石质不算上乘，雕工不算杰出，但却有其可供赏玩之处，这就是砚侧所刻的16字大篆铭文。其铭文是："辞章灵异，驾于奔马，简翰秀出，写之来禽。"署款为"舜逸"，钤两小方篆印"景"、"禅"。这16字铭文大篆，乃临摹石鼓文字，结体工稳有力，笔画如折铁线，字形峻奇挺拔，颇得形神之妙。

康有为在《广艺舟双楫•说分第六》中说："若《石鼓文》则金钿落地，芝草团云。不烦整截，自有奇采。……《石鼓》既为中国第一古物，亦当为书家第一法则也。"近代书画大家吴昌硕认为"（石鼓文）有实处无虚情，石鼓之不易临也"。于此可见石鼓文在后世书家眼中的崇高地位。

笔者所藏这方舜逸鼓形砚，摹刻石鼓文16字，可谓眼高手高，非庸匠能为。可惜的是，舜逸为何许人，资料难以寻查。但其留下一方砚，留下摹刻16字，也可以让我们珍而重之了。

砚池深处菜根香
——清·锡山笔耕农双兔砚

兔,在中国民间传说和古代文学作品中,绝对是一位"大明星"。月亮上有广寒宫,广寒宫中有玉兔金蟾,玉兔不停地捣药,这是千百年来家喻户晓的神话故事。后人就将玉兔作了月亮的形象代言人,入诗入词,非此不雅。唐代韩琮说:"金乌长飞玉兔走,青鬓长青古无有。"宋代辛弃疾说:"着意登楼瞻玉兔,何人张幕遮银阙。"都写出了兔的"光辉形象"。木兰从军,是中国妇女引以为荣的佳话,其出处北朝乐府民歌《木兰诗》中,就有"雄兔脚扑朔,雌兔眼迷离。双兔傍地走,安能辨我是雄雌"的比喻,兔子又幻化成花木兰小姐的形象。

正因为兔子的形象十分驯良可爱,故其在中国人的生活中无处不在,连文人们"终身为伴"的砚台,也有兔子的踪迹。清代乾隆皇帝命大臣于敏中等于乾隆四十三年(1778)编竣的《西清砚谱》,就收入一方"仿宋玉兔朝元砚"。这是一方澄泥砚,砚背镌一白兔半蹲回

纹饰出精巧

129

首,仰望空中一轮圆日,环砚缘刻乾隆御制砚铭:"月中兔兮日中鸡,卯酉其象交坎离。天然配合谁所为,日鸡月兔两不知。朝元之砚恒如斯,研朱点笔犹繁辞。"砚名标明"仿宋",可知宋代已有镌兔于砚的雅玩。在台湾"国立"历史博物馆出版的《双清藏砚》一书中,也收录有一方"仿宋玉兔朝元砚",形制与《西清砚谱》中之砚同,材质却是以汉白玉为之了。

笔者所收藏的这方清代锡山笔耕农的双兔砚(见图),近椭圆形,长23.5厘米,宽17.5厘米,高2.9厘米,重2500克。砚材为端溪石,石色青灰透紫蓝,石质细滑,砚堂有大片鱼脑冻。砚面留鳅背缘(右下角缺损),砚额部位浮雕二兔、一白菜、五萝卜,其中一萝卜洼下作墨池。砚堂平坦。砚背刻行书铭文:"静而能专,动而能圜,终身守此砚田。"署款"锡山笔耕农书"。

锡山笔耕农,名不见典籍,疑为清代冯子俞,字锡山,工画人物。

此砚以兔和萝卜等为纹饰,颇有多层寄寓意味。一为萝卜白菜,菜根也,古人云:"咬得菜根,百事可为。"兔喜咬菜根,人亦可咬菜根,砚主表示"终身守此砚田",可知已立定咬菜根之志(咬菜根语见《朱子全书》);二为兔子举止灵活,行动敏捷,亦可揣摩砚主希望文思如兔般敏捷,一至心驰万里、下笔千言也;三为兔毫自古用以制笔,笔砚相应,又是文人第一要义,故历来有"幽窗染兔毫"、"拔取霜毫付管城"的诗句,此又一借喻之意。砚的纹饰无不反映砚主的好尚和寄托,鱼则望化龙,龙则求飞腾,松则期长青,鹤则冀长寿,竹则寓高节,兰则表贞操,梅则显风姿,蟹则登甲第……不一而足。那么,锡山笔耕农的菜根双兔,是否可作如笔者上述之理解,读者不妨也来看砚闲评,分析一下。

地迥天高放鹤飞
——清·奉直大夫高崖云鹤砚

国画大师张大千在《谈画山水》中说:"画山水画,一定要有实际,即要多看名山大川,奇峰峭壁、危峦平坡、烟岚云霭、飞瀑奔流……等等,宇宙大观,千变万化,不是亲眼看过,凭着意想,是上不了笔尖的。眼中看过,胸中自然会有,一摇笔间,自然会一齐跑到你手腕下。"(《张大千画语录》第148页)

这正是中国画家"取法自然"的一条重要法则。欣赏中国画,尤其是山水画,都可以从中悟到画家们得力于自然、融造化于笔端的成就。而在以山水为纹饰的古砚中,画参自然,刀刻造化的情况,也时可看到。笔者所藏的清代奉直大夫的云鹤砚,可算一个代表。

此方砚(见图)为随形,长20.3厘米,宽14.2厘米,高3.8厘米,重2500克。砚材为端石,色苍紫,质细滑,有浮云冻、火捺、鹧鸪斑等石品。砚面留鳅背缘,雕有山崖、楼阁、古树、流云、游鹤、半月等纹饰。砚背刻隶书铭文:"石不能言,载道之原,永矢勿谖,长宜子孙。"钤一篆印"奉直大夫"。

这方砚有一"奇"一"怪",令人赏,又令人思。

一"奇",是砚面纹饰构图奇。古砚以山水作纹饰的,并不多见;而像此砚以国画的构图手法来表现主题的,则可谓稀罕。此砚画面成对角线构图,左下角雕出危崖低树,紧贴崖壁雕出三层高阁,阁外围以栏栅,栏栅外似深谷无底。右上角用浮雕加线雕镌出缭绕流云和三只翔鹤，三鹤冲天高举，如正向着左上方的云中月飞翔。左下高崖杰阁与右上流云舞鹤形成上下呼应、左右映照的画面，而中间空阔的砚堂，在视觉中正是崇山高天之间的峡谷，显出一种辽阔深远的气势，让读砚者如同站立对应的高山之巅，俯视危崖，仰观云鹤，顿生地迥天高之感。更妙的是细看砚堂，那一缕一缕涌动的浮云冻，又如深谷中升起的山岚云气，恍惚中令人有临砚赏山、疑真疑幻之感。一方普通的砚台上，能够产生这样的艺术效果，不能不让人佩服制砚者妙得自然、深谙画理的艺术匠心。

一"怪"，是砚底铭文后署款怪。纵观古代遗砚，如刻有款识的，无非是三种内容：一种是直署砚主的真实姓名，第二种是署上砚主的别称字号，第三种是署上砚主的斋名堂号，在这些署款前，也有署上籍贯郡望的。这些是最通行也最常见的署款格式。但是，像此砚既不署名也不署号，只钤一印"奉直大夫"，则令人莫识其真，又莫名其妙。骤看知应为官衔，因为清代高级文职阶官称为大夫；细审却又难明"奉直大夫"究为何职何权，《辞海·历史分册(中国古代史)》历代官制无载，但在明人笔记中曾见"奉直大夫"一衔。以一个官衔称谓钤刻入砚，又非常人之思维可作。故这一署款之印，实为此砚一怪。

书刻见功力

  中国古代文人砚的主人，很多都是书法家、画家、篆刻家，是书、画、篆刻方面的行家里手，有的还是这方面的领军人物。他们在自己朝夕相对的砚台上，施展书画篆刻技艺，真是如鱼得水，鲜活生动，尽善尽美。我们不排除其中有些砚台是使用者构思设计、书写描摹之后请工匠操刀制作的。但我们也知道，其中更有一些大家，写字，绘画，雕琢，亲自上石，一条龙全都自己动手，并以此为乐。在我们鉴赏这些砚台时，不能不惊叹其书画的精美，镌刻的细腻。

笠屐南荒铭砚碑
——漫说"宋苏文忠公砚"

北宋哲宗赵煦绍圣四年（1097），62岁的苏东坡被朝廷从惠州再贬海南，任琼州别驾，昌化军安置，不得签书公事。当时，东坡自问必死于南荒海岛，并吩咐了后事。但东坡却得到所在地官员的关怀和当地黎族百姓的信任，全力帮助他建起了有三间居舍的"桄榔庵"，东坡与他们结下了深厚的情谊，很快融入了少数民族生活圈之中。在琼前后四年，东坡为百姓亲尝百草、免费行医；亲身"劝农"，使黎族同胞改变"不麦不稷"、"朝射夜逐"的单纯狩猎的劳动方式；开导黎民不饮咸滩腐水，并亲自凿井以作示范；为推动当地文教，又亲自设帐讲学，使蛮荒的海南，成了"海滨邹鲁"文脉兴盛之地。而黎族同胞也把东坡当做自己的亲人，送他吉贝布，赠他鹿脯肉，经常邀他饮酒谈心。这样，东坡先生与黎族同胞亲如一家，安然渡过了垂老贬谪的岁月，以至离开海南时，他曾作诗感怀："九死蛮荒吾不悔，兹游奇绝冠平生。"

东坡在海南，有一件小事是颇令后人动容的。有一次他到黎族同胞黎子云兄弟家喝酒，归途遇雨，东坡便从一户农家借得斗笠木屐，因为穿戴不习惯，走起路来摇摇摆摆，惹得一些小孩子随行拍手哄笑，连家家养的狗也跟着叫起来。后人据此作《坡翁笠屐图》，至今还刻在儋县东坡书院的墙上。

书刻见功力

《东坡笠屐图》流传很广，很多刊物都有转载，其原创者是谁，笔者未能得悉。笔者收藏有一方刻铭"宋苏文忠公研"的黎溪石砚，其砚背上也刻着这样一幅"东坡笠屐图"，署款为"东坡先生像"、"赵松雪刻"，并钤一篆印"赵氏松雪"。赵松雪即元代大画家、大书法家赵孟頫（1254—1322），其较东坡先生迟出世218年。像是不是真为松雪所刻，实在不易鉴定。不过，此"东坡先生像"摹刻俱佳，神态全出，应为高手所为，似无须怀疑。

此砚（见图）长方形，长26.8厘米，宽18.5厘米，高4厘米，重5000克。为湖南沅芷黎溪石，石色深紫透赤，石质坚致细润，有鱼脑冻、火捺、翡翠点、铜金点等石品，是上品佳砚。此砚笔者原认定为端砚，后查资料，始知为黎溪石砚，分别就在铜斑点上。但黎溪石类端，很早就有人当做端石镌砚。据砚面铭文，清代光绪年间曾为"贵必杨氏宝藏"，亦曾于清末宣统三年（1911）由"葱石参议"请光绪状元、实业家张謇鉴赏并题记。此砚关涉宋苏东坡、元赵孟頫、清张謇三大名人，若铭文无误，则是流传有绪，颇值得把玩。即使置名人身价不论，就砚说砚，也是一方不可多得的宝砚。

汴河馀脉走龙蛇
——元·赵孟頫"能者为师"砚

在数以万计流传至今的古砚中，署有大书法家的铭款，而又石质上乘、品相完美的，真是稀如麟凤。王羲之、王献之、颜真卿、柳公权固然没有砚台遗世，而故宫博物院所藏的两方镌有苏轼铭文和署款的砚——"宋蓬莱山洮河石砚"、"宋苏轼鹅池澄泥砚"，均为国宝。清代书坛四家——翁方纲、刘墉、梁同书、王文治，他们的用砚虽有流传，但也难得一见。

能藏有或目睹书法大家之砚可谓"奇缘"，是很多人梦寐以求的。此处介绍的就是元代大书法家赵孟頫的一方"能者为师"砚，我们可一睹其貌，感受大家风采。

赵孟頫（1254—1322），字子昂，号松雪道人、水精宫道人、鸥波，别号甲寅人、在家道人等，吴兴（今浙江湖州）人。他是宋室后裔，14岁时以父荫补官真州司户参军，宋亡家居力学。元世祖忽必烈下诏搜访遗民逸士，他应诏入仕。历任兵部郎中、浙江等处儒学提举。后又任翰林侍讲学士、集贤侍讲学士、资德大夫、荣禄大夫，官至一品，荣际五朝。卒追封魏国公，谥文敏。他博学多识，异于常人，精通音律，善鉴定文物，诗文清邃奇逸，工篆刻，书法绘画成就尤高。画入逸品，高者诣神。他是书法集大成者，篆、籀、分、隶、真、行、草无不冠绝。行草以二王为师，自成一家，名当时而法后世。后人评其书法"称雄一世"、"与王羲之前后

书刻见功力

137

辉映"。传世墨迹有《洛神赋》、《胆巴碑》等。赵孟頫具有很高的艺术天赋，这天赋似乎与其祖先的遗传基因不无关系。宋代历史上的两个书画皇帝——北宋徽宗赵佶、南宋高宗赵构，都是中国书画史上的拔尖人物，而作为宋室裔孙的赵孟頫，其书法更是"犹晋之右军，唐之鲁公，皆所谓主盟坛坫者"（马宗霍《书林藻鉴》）。赵宋王朝重文抑武，虽屡为异族侵凌，却为中国文化史造就了一大批重量级的人物，包括皇脉中的这三位书画大家，这是颇令人注目的。

赵孟頫这方"能者为师"砚（见图），长方形，长29.5厘米，宽14厘米，高4.3厘米，重4500克。砚材为上佳老坑端石，石色苍中泛紫，有翡翠点，石质极邃密细腻，手感凝润，抚如柔肤，按之掌中潮生，确为罕见之材。全砚造型规整，厚重大气。砚面四边留缘，砚额右方高浮雕一高僧手扶禅杖坐于石上，左方高浮雕一小和尚合十向高僧跪拜。左上角高浮雕一云中月。构图肃穆庄严，人物形神毕现，镌工细腻圆熟，具有很高的艺术欣赏价值。砚堂因久磨明显凹下，砚池墨痕深渗，濯之莹然。砚背刻大字楷书铭"能者为师"，署款"赵孟頫"，书体极显赵字的丰神，让人一见倾心。

"能者为师"，联系赵孟頫号松雪道人，又以宋室王孙的身份入仕元朝，倒透出了一种深长的意味。

麒麟大砚倍庄严
——明·衡山铭麒麟砚

几年前,《广州日报》在"收藏大观园"的专版上,曾登载了一篇文章,题目是《靓端砚多"大不盈掌"》,说的是:目前能见的散落于端州(今广东肇庆)产地及岭南城乡的端溪三大名坑遗砚,多为15厘米以下的"大不盈掌"的小砚,海内外许多博物馆与私人藏砚也大体如此。

这一实情早在两百多年前就已存在。清代乾隆四十三年(1704)编竣的《西清砚谱》,主编是乾隆二年(1737)状元、官至文华殿大学士的于敏中,他在"旧端石多蝠砚"的考语中说:"端石采自石洞,扪壁凿髓,故子石佳者易得,而大砚难精。是砚大逾盈尺,而细润无瑕,取材既博,制作亦精,洵砚林中瑰伟绝特之观也。"

这段话有两层意思,一是子石佳砚多为小砚,大砚难得;二是也有例外,"旧端石多蝠砚"就是"瑰伟绝特"的精品砚。

关于子石,南宋学者高似孙在《砚笺》中引用三种说法,第一种引《端砚谱》:"岩石有黄膘胞络,凿去方见砚材,所谓子石。"第二种引欧阳修《砚谱》:"端石以子石为上,生大石中,精石也。"第三种引苏轼《公密子石砚铭》:"孰形无情,石亦卵生,黄胞白络,以孕黝颏。"综合三种说法，所谓子石，乃石中凿取之精石也。

笔者就收藏有这样一方子石大砚。此砚为椭圆形，长20.8厘米，宽19.7厘米，高4厘米，重4000克。端州水岩子石，其色紫蓝，其质细嫩，全砚分布有丰富的蕉叶白、鱼脑冻、翡翠点、火捺等石品，如烟云雾岚，升腾缭绕，十分悦目。砚面不起边缘；砚额处高浮雕麒麟、祥云，麒麟作踏云吐珠状；砚堂平坦而略向前倾，与云脚相接处洼下，即作砚池。砚背平如镜面，刻有隶书铭文："端溪之英石之精，寿斯文房宝坚贞。"署款"衡山"，钤一篆印，其字未能辨识。

衡山，即明代文徵明（1470—1559），名壁，字徵明，以字行，后更字徵仲，号衡山居士，长洲（今江苏苏州）人，大书画家。嘉靖二年（1523）以贡生被征至京，授翰林院侍诏，预修《武宗实录》。他的书法初模宋元，后法晋唐，小楷温纯精绝，隶书独步一世，行草深得智永笔法，大书仿黄庭坚尤佳。王世贞在《艺苑卮言》中说："待诏以小楷名海内，其所沾沾者隶耳。"擅画山水、花卉、兰竹、人物，与沈周、唐寅、仇英合称"明四家"。其留传的书迹、画作甚多。其画学之者众，形成"吴门画派"。门下士赝作其画者不少，其亦不去禁止，故世上亦多其赝画。亦能诗文，著有《甫田集》。

笔者这方砚之铭，是文徵明砚铭中之上品，后人移刻者很常见。此砚刻之隶书，亦颇精到，应为临刻文之手书。至于此砚是否曾由文徵明藏用，笔者尚存疑，公之于众，以求教高明者也。

端溪砚作传家宝
——明·程嘉燧平湖印月砚

中央电视台经济频道在2005年9月3日晚的"鉴宝"节目中,主持人罗晰月在介绍一方清晚期琵琶形双蝠捧寿端砚(专家估价为7万元)时,讲到端砚的背景材料,说:"宋代端砚价至一万甚至十多万两银子。"

这价格指的是端溪水岩上品。端砚珍稀,价格昂贵,史不绝书。唐代大书法家柳公权在《论砚》中说:"端溪石,为砚至妙,益墨,青紫色者,可值千金。"清代文人黄钦阿在其所著《端溪砚史汇参》中说:"水岩南壁石一枚,已可值四百千,北壁又当十倍矣。"在这两段话里,一"金"之含义是"一两银",一"千"则是指"一千铜钱",也就是"一贯钱"。在唐代至清代,"一两银"约可兑换八九百枚大制钱。而唐代开元年间一匹马值数千至数万钱,即数两到数十两银。清代中期(嘉庆至道光年间),一个教师年俸为十两银,一个知县年俸为六十两银(另有津贴)。于此可见,当时一方好端砚动辄数百上千"金",确实身价不菲。

端砚价高固然已令人咋舌,更让人无奈的是好端砚十分稀缺,寻之不易。清代文人、康熙三十年进士景日昣在《砚坑述》中说:"予在端三年,以砚为嗜好,然无力开岩,屡购于估,不可得佳者。偶得一石大如掌,细花缕缕,质甚粹润,宝之,勒名其上,题曰'梦笔峰'。"清乾隆大臣、主编《西清砚谱》的于敏中在《旧端石多蝠砚》的考语说:"端石采自石洞,扣壁凿

书刻见功力

髓,故子石佳者易得,而大砚难精。是砚大逾盈尺,而细润无瑕,取材既博,制作亦精,洵砚林中瑰玮绝特之观也。"

正因为好端砚难得,故古代文人得一上品之砚,珍逾拱璧,视为传家之宝,在砚上刻上"子孙永宝"之类告诫语的,常有所见。笔者收藏有一方明代程嘉燧的平湖印月砚,就大字刻铭"传百十世",主人珍爱之情,尽显无遗。

此砚(见图)长30.3厘米,宽20厘米,高3.1厘米,重5000克,是一方"盈尺"大砚。砚取材于端溪水岩,石色紫中泛青,石质坚致润滑,有青花、浮云冻、火捺、三颗黄色石眼等名贵石品。砚面四周留缘,缘内包围之砚堂恍若一大湖泊。砚额高浮雕临湖之崖岸、茅舍、高树长林;湖中三石眼莹莹如湖波印月;湖面一舟,舟中人如望月然;湖面浮起石矶六七。砚堂遥接湖水,堂面青花成片,悠然成荡。砚背刻大字楷书铭"传百十世",署款"程嘉燧",钤一篆印"松圆"。

砚的主人程嘉燧(1565—1643),明代人,字孟阳,号松圆、偈庵等,晚年皈依佛教,释名海能,安徽休宁人。活动于万历、天启、崇祯年间,与唐时升、娄坚、李流芳人称"嘉定四先生"。自少不羁,弃举子业。精音律,工书画,尤长于诗,世称"松圆诗老"。善画山水,兼画花卉,为天都(黄山)画派十子之一。其论诗主张先立人格,再立诗格,当时被人称为"一代宗主"、"晚明一大家",著有《浪淘集》等。

一片云根生几案
——明·弱水道人藏祥云五蝠砚

端溪砚始出于唐代武德之世,其石质最佳者为大西洞之水岩(下岩)。水岩自南唐到宋、元、明、清,屡开屡闭,竭而又采。仅有明一代,永乐、宣德、成化、万历、崇祯数朝均有不同程度的开采。水岩采石甚艰,佳石极少。前人记述:"蛋人泅而采之,……砚材百不得一,……其如霞如锦如水波纹者,百千中之一二耳。"(清·朱栋《砚小史》)"惟材之大者更难得,方六七寸而无病脉者已少。"(宋·唐询《砚录》)

笔者收藏有一方端溪水岩大砚,正是难得之品。此砚长方形(见图),长35.5厘米,宽18厘米,高3.5厘米,重4000克。其色青紫泛蓝,其质坚致润腻,有蕉叶白、火捺、浮云冻等石品,还有两颗红色、黄色石眼。全砚镌凿规整,庄重大气。砚面围以平宽缘,砚额凿一如意形深池,池周浅浮雕祥云和五蝠,池下为凸起的日形圆砚堂,堂面微洼而易于聚墨。砚堂、砚池之间刻行书铭文:"一片云根生几案,定知为雨遍山川。"署款"学佺",钤一篆印"吴";左下角有一长方形篆印"汲古"。砚背留宽缘,中间凹下处刻大字行书铭"秉彝是训",其右刻行书铭款"崇祯九年夏望弱水道人陶飒藏砚";右上角刻行书铭"操觚可工",钤一篆印"友石";下方又刻行书款"作英蒲华",钤一篆印"作英"。

铭文"秉彝是训","秉"即"掌握","彝"为"法度",

"是"即"这个","训"作"准则",全句意为:掌握法度这个准则,是一句诫勉之语。

此砚先后有四人刻铭署名:陶飒为最初砚主,吴学佺铭联,友石续铭,蒲华题"秉彝是训"并署款。自崇祯九年(1636)至宣统三年(1911),经历275年,而至今则更达370余年,迭经沧桑,经手主人更不知凡几!未署名者固不可考,即使砚上有名的,如陶飒、吴学佺,笔者也无法详其生平,翻检资料,仅能将友石、蒲华略作介绍。

友石,为清代张衡,字友石,又字羲文,号晴峰,河间景州(今河北景县)人。顺治十八年(1661)进士,官陕西榆林道(府的高级行政长官)。曾视学浙江。擅画,偶作山水,笔致疏峭,用墨湛润。善书,法近苏米。著《稧亭诗选》,其子澧为刻《宝墨斋法帖》。此砚所刻"操觚可工"四字,即见苏轼书体的丰神。

蒲华(1830—1911),清末书画名家,字作英,一署胥山外史,原名成,字竹英,秀水(今浙江嘉兴)人,侨寓上海,所居"九琴十砚斋"。书擅草,画擅花卉、树石、竹。草书笔意奔放,画竹一干通天,叶若风雨,山水树石元气淋漓。曾游日本,为日人推重。与吴昌硕友善,卒后吴为其作墓志铭。其流传字画,近年在拍卖会上屡获高价,2004年12月18日中央电视台二套节目"鉴宝",蒲华与居廉等五人合作的一幅绢本花鸟横幅,专家作价为30万元。又据《收藏》杂志刊载雅昌艺术网公布的2005年国画行情指数表,当年蒲华的国画上市每平方尺价为34885元,全年成交230件,成交总额达2391万元,颇为可观。

苏姿米韵砚腰横
——清·笪重光鼓形辟雍砚

辟雍砚多属圆形砚，与椭圆形、箕形、长方形、随形等砚式，同为常见砚式，最早出于汉代，隋、唐也比较流行。当时以陶砚多见，后世石砚凿为辟雍式的，也时有传世之品。辟雍，本为西周天子所设大学。据《礼记·王制》所载："大学在郊，天子曰辟雍。"这种大学的选址，四面都有水围绕。故东汉学者蔡邕在其《明堂月令论》中说，辟雍之名，乃"取其四面周水，圜如璧"。这种砚的制式，就因为砚面环凿沟形砚池，砚池围着砚堂，名为辟雍砚，既是象形，又是会意，寓"学梓高中"的良好愿望也。

常见的辟雍砚，多作鼓形，大小不等，高度一般在2～6厘米，更高的就十分少见，因置于案上，过高则不便使用。笔者收藏有一方清代笪重光鼓形辟雍砚，直径18厘米，高9.6厘米，底凿如井，口径15厘米，深6.8厘米，重3000克。砚材为端石，颜色紫中泛赤，石质极细致嫩滑，抚之手感

书刻见功力

莹润，属"百年不枯"一类上佳之材。砚面留平宽缘，缘内凿环形沟作墨池，中间是凸起的圆形砚堂，砚堂比砚缘略低。砚之周侧突出五圈弦纹，上三圈，下二圈，极具立体装饰感；上、下弦纹之间为砚腰，稍显弧形内凹。砚底内凿如井，环壁光滑，不加纹饰，尽见材质之美。

此砚更精彩之处在于砚腰上以行书字体环刻一首七言律诗，诗云："疏柳堤边断客舟，孤怀不与俗同谋。闲凭水阁看云叶，待卧篷帘吟夜箦。隔岸远峰疑积雪，满江寒色为经秋。欲知前代高人意，只向焦公洞口游。"诗末署款"笪重光"，钤一篆印"江上外史"。细赏之下，诗之工稳，书之工致，刻之工整，都可称上乘。尤其是一笔仿苏东坡体之字，融合了米南宫"八面出锋"的峻利，实在令人赏心悦目。

砚主笪重光（1623—1692），清初人，晚年改名传光，字在辛，号江上外史，自称郁冈扫叶道人，晚署逸光，号逸叟，江苏句容人。顺治九年（1652）进士，官至御史。御史是承担弹奏不法僚吏重任的言官。笪重光为人耿直，对于触犯法纪的官吏，无论何人，他都敢参奏弹劾。宠臣明珠，是满洲正黄旗人，做过兵部尚书、吏部尚书，授武英殿大学士，加太子太傅，累进太子太师，权势显赫，满朝文武都对之敬畏有加。且明珠植党营私，市恩通贿，笪重光虽对其参奏弹劾，奈康熙皇帝置之不理，重用明珠依旧。笪重光一气之下，弃官而去，回到老家优游山水。笪重光精书擅画，名重一时，其书法参苏、米，朴健豪放，笔意超逸，与姜宸英、汪士铉、何焯齐名，合称"四大家"，最为王文治所称服。山水有南徐（清南徐画隐赵遂禾，山水画学"四王"）气象，高情逸趣，横溢毫端。兼写兰竹，别饶风致。精于鉴赏，眼光独到。著有《书筏》、《画筌》。有画作传世，《柳阴钓船图》藏于日本大阪市立美术馆。

笪重光此砚，墨痕如漆，包浆润泽，品相完好。从其异于常砚的高度及铭文镌刻的精美，加上传承保护的细致，应可视为玩赏砚，比纯实用砚又上了一个层次。

金殿传胪曾第一
——清·汪士铉凤尾罗砚

中国的科举制度，从进入府、州、县学作为生员（亦称秀才）之后，等待士子们的还有省级的乡试，过了乡试（即中了举成为举人），上层还有全国级的会试（考进士），中了进士之后，还有皇帝亲自主持的殿试，最后录取一甲进士及第、二甲进士出身、三甲赐同进士出身，然后公榜（黄榜、"黄金榜"）昭告天下。这是一个漫长的晋身过程。有的人终老秀才，有的人止于举人，能够考中进士的，已是读书人中的佼佼者了。在一千三百多年的科举史上，有十万进士，超过一百万的举人，秀才则难以统计。芸芸众多的应试者中，最荣耀、最见才学的无过于"连中三元"：乡试第一，解元；会试第一，会元；殿试第一，状元。但这样三元皆中者，历史上寥寥无几。中了解元未能中进士的，最著名者有明代的大画家唐伯虎（唐寅），他乡试获第一后，会试因被弊案牵连遭革黜，终身只作一名解元。而会试第一（会元）者，也未必能蝉联殿试第一（状元），笔者要介绍的一方藏砚的主人汪士铉，就恰恰是一个例子。

笔者这方砚（见图）长方形，长21.7厘米，宽14.2厘米，高2.6厘米，重2250克。这是一方很好的老坑端石，其色紫蓝，其质极细腻润泽，拭之柔糯，按之冰凉，且有一圆形鸲鹆眼，一椭圆翡翠点。砚面布局清朗，纹饰简洁淡雅。在砚额的左方浅浮雕凤尾罗的柔条三四束，右方勾勒出一大片流云，云下掩映一云朵状墨池。墨池之下、砚堂上部横列两颗翠眼，一为鸲鹆眼,有瞳,浮雕为月;一为玉点,无瞳,如月影在水,两眼均莹莹可爱,令人心赏。砚堂之内隐见多星翡翠点,亦恍如水中星影。砚堂因研磨而洼下,古墨之痕油然有光。砚堂围以平细之缘。砚背平坦,刻大字楷书铭文"清和",署款"汪士铉",钤一篆印"退谷"。

汪士铉(1658—1723),字文升,号退谷,又号秋泉、松南居士,江苏长洲(今苏州)人。康熙三十六年(1697)会元,官中允。《中国古代书法家辞典》收录则为"举一甲一名进士,授翰林院修撰",应为误录。查《中国美术家人名辞典》、《明清进士题名碑录索引》,汪士铉是会试第一名(会元),但殿试后只是二甲第一名(传胪)。按惯例,修撰一职,只授予一甲第一名即状元。故汪非状元,亦非修撰。汪士铉最出色的是他的书法,与同榜探花亦长于书法的姜宸英被称为"汪姜"。其书极瘦硬,与当时大家张照不相上下,别的书家则比他不上。晚年尚慕篆隶,一再变体。其书能大而不能小,但有奇势,纵横自放,而分间布白,不失分寸。一时名公巨卿的碑版多出其手。《昭代尺牍小传》推誉其书法为"国朝第一"。生平著述甚多,有《瘗鹤铭考》、《秋泉居士集》、《全秦艺文志》等。

汪士铉留存世上的这方砚,不但材质上佳,镌工上佳,清朗大气,而且铭文书法亦堪称上品。"清和"二字,可谓法度端严,于工稳之中不乏流荡,如"清"字的三点水旁,牵丝萦带,有顾盼之情;左边的"青"字下部"月"中两横,以点出之,轻灵流转,不拘绳墨。又如"和"字之"禾"旁,一斜撇峻利直出,形如锐剑,甚显奇气。而署款的"汪士铉"三字,爽利流畅,束放有致,笔锋刀锋俱见,极见书家神采。

古人论砚,有"五名"之说,于此砚而言,名坑,名石,名工,名人,名书,亦可入"五名"之列。能令赏识者心仪,也就不足为奇了。

谁将眉月涌文澜
——清•林佶银月砚

古砚的命名，大致可分为三类：一类是以砚之石品天然形态命名，一类是以砚之人工纹饰命名，一类是以砚之肖形状物命名。以砚之石品天然形态命名的，最著名的有收藏于广东省博物馆的两方清代端砚：千金猴王砚和白鹤砚。前者砚堂内有大片鱼脑冻，周以胭脂火捺环绕，形如一只弓身猕猴，其前肢、头部、毛茸茸的身躯清晰可见，栩栩如生；后者砚堂亦有大片鱼脑冻，环以火捺、

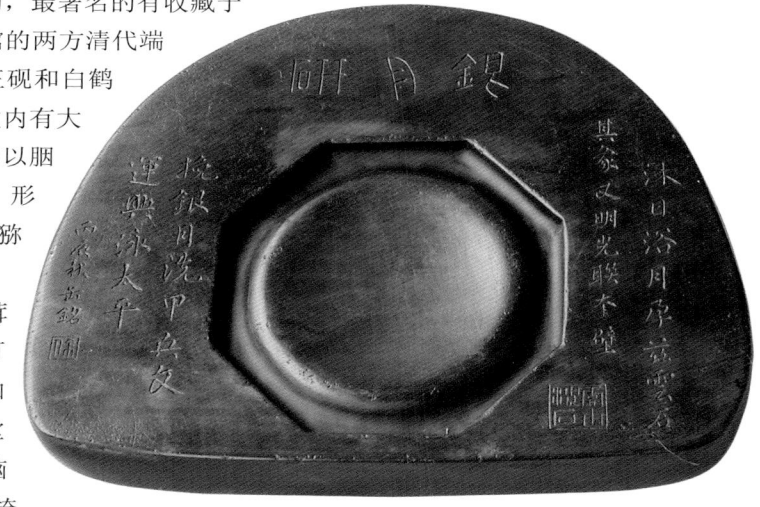

青花，经工匠艺术加工补一鹤嘴，形成一只形象优美的白鹤。这两方砚均以极佳的石品形象名播砚林。以纹饰命名的古砚则十分普遍，如云龙砚、松鹤砚、夔纹砚、葡萄砚、瓜瓞砚，等等，可谓举不胜举。以砚的肖形状物命名的，鹅砚最为常见，还有鲤鱼砚、鹦鹉砚、天鸡砚、荷叶砚等，也不算稀罕。这里介绍笔者所藏的一方以肖形命名而又别出一格的端砚，与读者共赏。

此砚名为银月研（见图），半月形，长22.3厘米，宽17.5厘米，高3厘米。石色苍紫。砚面之砚额处刻篆书铭"银月研"，下为圆形（日形）砚堂，围以八卦形槽池。池之右方刻楷书铭："沐日浴月，孕兹云石，其象又明，光联奎璧。"钤一篆印"虞山沈石"。左方刻行书铭："挽银月，洗甲兵，文运兴，泳太平。"署款"丙辰秋缶铭"，钤一篆印"俊"。砚

背留宽缘，凹下处刻隶书铭："眉月晻精，明河倒影，天风泠然，文澜千顷。"署款"林佶"。

这方端砚除石质精细、造型精致之外，最有文化内涵的是刻有三位颇有名气的文人的精彩砚铭，这正是此砚的品位和价值所在。

第一位名人是林佶（1660—1720之后），字吉人，号鹿原，福建侯官（今福州）人。他是清康熙五十一年(1712)二甲第17名进士，官至中书舍人（任职内阁中书科，负责缮写文书）。工书，善篆隶，尤精小楷，家中藏砚甚丰。著有《朴学斋集》。

第二位名人是吴昌硕（1844—1927），原名俊，字昌硕，又字仓石，别号缶庐、苦铁等，浙江安吉人。他是近代书画篆刻大家，时称诗书画印四绝。书法以石鼓文最为擅长，篆刻前无古人。画气魄厚重，有金石气，震撼当时，影响后世。有《缶庐印存》、《缶庐集》、《缶庐近墨》等。

第三位名人是沈汝瑾（1857—1917），字公周，号石友，江苏常熟（古虞山）诸生（已入学的生员）。工诗词。富藏砚，有《石友藏砚》拓本。善书。擅画，能作花卉蔬果，蒲华、吴昌硕时与合作。有《石友诗集》等。

这方银月研，先由林佶收藏，一百多年后又由沈汝瑾收藏，沈的老友吴昌硕经手鉴赏，三人都在砚上留下了以"月"为吟咏对象的砚铭，且都文辞典雅，含意隽永，真是此砚一段难得的佳话。

惠风和畅满荷塘
——清·钱伯坰莲鲤砚

极细腻的端溪紫石，极规整的长方砚形，极生动的莲鲤纹饰，极妍美的"惠风和畅"铭刻，这就是钱伯坰这方砚令人爱不释手的原因。

此砚（见图）呈长方形，长30.2厘米，宽17.7厘米，高4厘米，重5000克，是一方大砚。此砚之材为端溪宋坑石。宋坑是在宋代发现并开采的，与老坑、坑仔岩、麻子坑同为端砚的名坑。此砚色泽紫如猪肝，凝重浑厚，石质致密，润滑细腻，有火捺、蕉白、猪肝冻等石品。琢砚高手正是在这上佳的材质上，精雕细琢，出落成这样一方佳砚。砚面四边留缘，上半部浅雕水波纹，高浮雕浪花、鲤鱼、莲叶、荷花，水浪如涌如流，鲤鱼如跳如跃，荷叶如舒如卷，画面极富动感。紧连水浪处，凿一如意形墨池，墨池之下为平坦砚堂。砚堂上石品斑斓，十分悦目。砚背敞平，上刻行书大字铭文"惠风和畅"，语出晋代王羲之《兰亭序》文中之"是日也，天朗气清，惠风和畅"；笔意既有大王之婉媚，李邕之飘逸，亦参以米芾之峻利，可谓丰神摇曳，流丽多姿。铭文上署款为"钱伯坰"。

钱伯坰为清中期人，生于乾隆三年（1738），卒于嘉庆十五年（1812），字鲁斯，号渔陂，又号仆射山樵，江苏阳湖（今常州）人。为"阳湖派古文"之首。工书法，学颜真卿、李邕，为时所重，论者谓刘墉之后，正行书以伯坰为第一。其为书，"如风雨骤至，飒然有声，纵横驰鹙，顷刻数十纸"。著有《仆射山庄诗集》。

说到"阳湖派"，据《辞海》称：阳湖派，清代散文流派，恽敬、张惠言等所开创。恽为常州阳湖人，后继者亦多同县人，故名。他们的渊源，出于清初方苞所创立的桐城派，但突破了桐城派古文的清规戒律，作文取法儒家经典，而又参以诸子百家之书，文风较为恣肆。伯坰游学京师时，从桐城刘大櫆受古文义法，以师说获乡人恽敬、张惠言赏识，因而大张"阳湖派古文"之目，并成为代表人物。

钱伯坰不但书法深受时人推重，而且很有书品和人品。据吴育《艾斋文集》记载，他对喜欢其书法者，朋旧亲故，贫困而请求帮助的，立刻就书写给予，并且满足他们的要求。而对于他所不认可的人，虽然反复请求，他也不予理睬。

从上面引述的文字，我们得知钱伯坰为"阳湖派古文"之首，又为刘墉之后，正行书第一，这两项"第一"无疑标榜了他在文坛、书坛的地位。也因此，当我们品赏钱伯坰所留传下来的这方"惠风和畅"莲鲤砚时，就仿佛感受到飒飒的文风和淡淡的墨香。

奇精巧绝砚中珍

——清·吴熙载双鹿砚

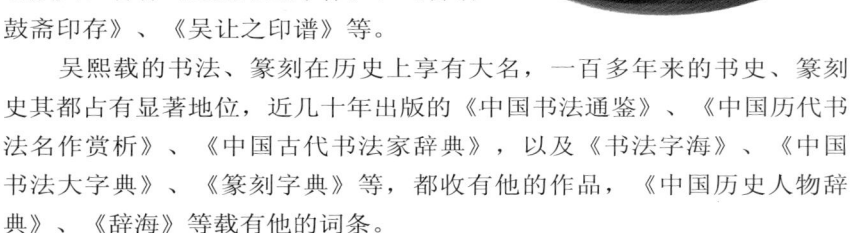

吴熙载是清代杰出的篆刻家、书画家,出生于嘉庆四年(1799),卒于同治九年(1870),初名廷扬,字熙载,五十后以字行,号让之、攘之,号晚学居士、让翁等,江苏仪征人。博学多能,为著有《艺舟双楫》的书法家包世臣的入室弟子,善作四体书,尤精篆隶,功力深厚,温婉圆健,展促有姿。精金石考证,邃于小学。篆刻师邓石如,自成面目,晚年作品更臻化境,吴昌硕、黄牧甫均受其影响,与赵之谦在中、日印坛影响颇大。著有《通鉴地理今释》、《晋铜鼓斋印存》、《吴让之印谱》等。

吴熙载的书法、篆刻在历史上享有大名,一百多年来的书史、篆刻史其都占有显著地位,近几十年出版的《中国书法通鉴》、《中国历代书法名作赏析》、《中国古代书法家辞典》,以及《书法字海》、《中国书法大字典》、《篆刻字典》等,都收有他的作品,《中国历史人物辞典》、《辞海》等载有他的词条。

笔者收藏有吴熙载的一方传世之砚。此砚(见图)随形,形如脚掌,长27厘米,最宽处18厘米,高3厘米,重2500克。在笔者的藏砚中,这是一方颇具欣赏价值的砚,可以用四个字予以概括:奇,精,巧,绝。

奇,是形状奇。虽是随形,实如一巨形脚掌,猛看之下,令人想起湖北神农架传说中的野人脚印,引起一种远古神奇的遐想。如此形神毕肖的形状,又非人工有意为之,在芸芸众砚中,可称独一无二。此谓之奇。

精,是石品精。砚材为端溪水岩老坑石,色泽青灰透紫蓝,质地细

书刻见功力

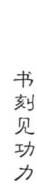

密，柔糯润滑，砚面分布有鱼脑冻、火捺等精美石品。以手抚之，如抚柔肤；以掌按之，掌下生潮；举目视之，泅湿处如汐渐退。触之如冰，呵气如雾，让人神往。此之谓精。

巧，是雕饰巧。脚掌形的砚面，围以细缘。砚额处雕凿形如岩穴，穴内高浮雕雌雄双鹿，左右镌出树木，双鹿立于岩石之上。岩石下深凿为砚池，恍如高崖下之深潭。两鹿躯干壮健，肌肉丰满结实，神态温驯慈祥，鹿角虽峥嵘挺劲，但整体透出一种祥和之气。两鹿的镌刻，如同雕塑移于砚上，粗者自粗，细者自细，动者见动，静者显静，形丰神足，令欣赏者叹为观止，此之谓巧。

绝，是铭文绝。砚背刻篆书铭文，是一副对联，文曰："枝上莺娇不畏人，山头鹿下长惊犬。"署款行书"吴让之"。这一篆书联，可推为精书精雕，书、刻均极见功力，允为吴熙载篆书中的精品。

前人对吴熙载的书法，有褒有贬，褒者自高，贬者也很有针对性。清代诗人、书家康发祥在《伯山诗话》中说："吴文学(熙载)书法之妙，直欲凌轹侪辈，方驾古人。"康有为在《广艺舟双楫》中说："程蘅衫、吴让之篆书为邓元白(石如)嫡传，然无元白笔力，又无元白新理，真若孟子门人，无任道统者。"近人马宗霍云："(让之)篆体以长势取姿，如临风之草，阿靡无力。"今人陈昌华在《〈吴熙载篆书绎山铭〉辨伪》文中说："吴熙载的篆书源于邓石如，又较邓书绮丽婀娜。其结体特点是形体颀长，中轴方向讲究左右对称，字多上紧下松，内密外疏，内部小空间停匀几乎相等，线条的弧、直、方、圆组合随形变化，弧直相参，方圆并具。其用笔婉转流畅，笔柔墨润，潇洒飘逸，尤其是拉长竖画垂弧成为主笔，好似'吴带当风'。"以上述评论检验砚上铭文，觉得其佳处在工稳流畅，整饰妩媚，布局停匀，笔画精致，几无可挑剔。至于柔靡力弱，因是刻于石上，却也未见其甚。

吴熙载此砚确为一砚中珍品，一砚四赏，其美轮美奂的天然之趣和丰富深邃的文化含量，都可以让欣赏者一嗟三叹。

文人之砚美人镜
——清·余泉铭"一心"夔纹砚

中国人有一种文化传统，就是喜好树碑立传，大至凿山摩崖，小至錾石刻木，或榜之巨岳莽原，或悬于宗庙祠堂，或藏于馆阁书斋，有纪功者，有铭德者，有彰行者，有述言者，其载体不一，其内容迥异。自文房四宝之一的砚台产生，伴之而出现的就有砚铭。一方砚台，数行文字，这恐怕可称之为最小的碑版了。砚之为铭，就形式而言，直可与蜀道剑阁的《石门颂》、山东泰岱的《纪泰山铭》等相仿佛，纪功，叙事，抒怀，铭感，均欲显摆一时，以沇传后世也。

笔者所收藏的古砚中，几乎都镌刻有铭、款，有的还不止一人留名，不仅一种内容，不独一家书体，大可以科举考试的"进士题名碑"相比，呼之为"文人题名碑"，想来也十分贴切。

这里介绍的余泉铭"一心"夔纹端石大砚（见图），就很有代表性。此砚长方形，长29.5厘米，宽20.5厘米，高3.8厘米，重5500克。极佳的水岩端石，颜色青紫透蓝，石质莹润腻滑，砚面有三颗黄色石眼，有多处鱼脑冻、蕉叶白、翡翠斑。砚面不起缘，略如平板砚，但正中却开有圆形砚堂，围以环形墨池，池上方镌刻一条夔龙。全砚造型、构图庄重规整，颇有一种堂皇大气。最让人欣赏的是，此砚不仅石佳工好，还有五个人以四种书体题刻的铭、款，猛然一看，如见一段碑林，如赏一册法帖，如诵一堂哲理，顿觉获益非浅。且看：砚额余泉款的"一心"篆字铭，大笔端严,透出一股静穆之气;砚堂右方周文祥刻的行书"凝神"二字,潇洒俊逸,尽得二王风采;砚堂左方曾景所书"谁能将旗鼓,一为取龙城",诗句为唐代沈全期《杂诗》结句,书法草体如龙蛇盘旋,一气呵成;砚堂下方署款"道光三年",钤印"黄"者所铭楷书"养心",颇见赵体的恭谨圆熟;而砚背覆手内朱雄篆书"修身"二大字,既见书丹的功力,又见镌刻的刀锋,使人如闻运笔奏刀之声。

笔者认为,这方古砚尽管曾经临池使用过,观其墨堂古墨之痕深渗,濯之不去可知,但从众多文士在其上题名,则可见已从重实用转为重欣赏了。从道光三年(1823)至今历经近两百年,其欣赏价值与收藏价值自然愈显。以古砚之收藏标准"真、精、美、稀、铭"衡量,可谓"入围中奖"。这又让人想起明代陈继儒说过的一句话:"文人之有砚,犹如美人之有镜,最相亲傍也。"一砚五人四书体,聚于一堂,其"最相亲傍"的情状,时至今日,似犹可触可扪。

遗憾的是,余泉、周文祥、曾景等不是名声显赫的人物,甚或是名不见经传之辈,故在众多的人物辞典中,寻寻觅觅,总不见他们的"踪迹",令这方佳砚无资格戴上"名人砚"的桂冠。这是众美中之不足。

生气盈盈赏绿端
——清·任颐"汗简"绿端砚

绿端是端石中的一种。端石绝大部分是紫色，被称为"紫云"、"紫玉"，而绿端石色青绿微带土黄或纯绿，可谓另类。

绿端最早开采于北宋初年，比紫端的出现迟了三百年。其采石的砚坑先在端溪北岭山附近，后移至朝天岩。清代吴兰修《端溪砚史》引《舟车见闻录》说："绿端石出羚羊峡，亦有水坑旱坑之别，水坑为砚，润而发墨，旱坑为玩好之器。"正因为有水、旱坑之别，当时对绿端褒贬皆有，这是由于各人所见到的砚石不同的缘故。这在清代大学士纪晓岚所用的一方绿端的铭文上可见："端溪绿石，砚谱不以为上品，此自宋代之论矣。若此砚者岂新坑紫石所及耶?嘉庆戊午四月晓岚记。"在此砚侧，他又镌诗曰："端石之支，同宗异族，命曰绿琼，用媲紫玉。是岁长至前三日又铭。"

历史上像纪晓岚一样对绿端砚赞赏有加的大人物还有北宋名相王安石。当时端州知府丁宝臣送给王安石一方绿端砚，并附上一首诗，王安石高兴之余，报以一首七律："玉堂新样世争传，况以蛮溪绿石镌。嗟我长来无异物，愧君持赠有新篇。久埋瘴雾看犹湿，一取春波洗更鲜。还与故人袍色似，论心于此亦同坚。"元代大书法家赵孟頫对常用的一方绿端砚亦十分喜爱，命名为"松磬砚"，并镌铭曰"大雅"，可见其宝爱之情。

绿端与洮河绿石同为绿色，一般爱好者容易将两者混淆。1994年中国名砚博览会上，有一方纪晓岚题咏、审定的宋代绿端砚，"文革"中曾被康生获得，并在上面刻上砚铭，狠狠地奚落一百七十年前

的古人:"纪晓岚自名为识砚者,还刊行《归云砚谱》,其实他对砚连基本常识也没有,他把洮河石当绿端,把青州红丝叫做红端,他不知端石为何物,更不必说识别古砚了。"(注:实际上纪晓岚编有藏砚谱名为《阅微草堂砚谱》,民国总统徐世昌编有藏砚谱名为《归云楼砚谱》)这则铭刻于1970年,正是康生不可一世之时。联想到他曾极力贬低郭沫若的书法,说:"这样的字,我用脚夹着毛笔也写得比他好。"其目空一切的形象,不是跃然纸上吗?康亦是一大收藏家,却也把绿端辨作洮河石,可见两者分辨之难。

上品绿端,石质细腻坚致,幼嫩润滑,其色青葱翠绿,纯粹无瑕,晶莹油润,独具一格。笔者读浪室藏砚中有八方绿端,分别是天山老人浑沦砚、张廷济瓜瓞砚、任颐"汗简"砚、湖西主人小砚、完夫茅亭砚、赵怀玉凤凰砚、古月抄手砚、罗敦衍双剑砚。这里介绍任颐"汗简"砚。砚作长方剖竹节形,长18.8厘米,宽10.2厘米,高6厘米。其色纯绿,其质细腻莹润,隐见翡翠斑、金线。砚面及砚侧浅浮雕竹节纹,砚面中部凿

一瓶形堂、池,池上方刻篆书铭"汗简"。砚左侧刻行书铭:"不俗即仙骨,多情乃佛心。"署款"任颐"。全砚古墨如漆,濯之不去,拭之莹然,唯砚堂透出一片绿盈盈的生意。

任颐(1840—1896),字伯年,号小楼、任和尚、山阴道人等,山阴(今浙江绍兴)人。绘画人物、花鸟仿宋人双钩法,赋色浓厚,白描传神,颇近陈洪绶。年未及壮已名重大江南北。间作山水,淋漓挥洒,气象万千。书法亦参画意,奇警异常。卖画海上,声誉赫然。为清末画坛巨匠,与胡公寿并重。他流传的画作,在近年的收藏热中,成为藏家追捧的对象。2005年,北京中贸圣佳拍卖公司就以2860万元拍出任颐的设色纸本立轴《华祝三多图》,平了当时中国古代绘画作品拍卖的最高纪录。

任伯年这方绿端砚,镌为竹节,铭为"汗简",取其形,取其色,取其质,更取其义,可谓品位韵味甚高的一方佳砚,令人玩赏之间,不觉悠然心会。

砚上知鱼大匠心
——现代·齐白石荷鲤砚

齐白石在现代中国是一个位重名高的大画家。他生于1863年，卒于1957年，高寿95岁。原名纯芝，字渭清，号兰亭，后改名璜，字濒生，号白石，别号借山吟馆主者、寄萍老人、木人等，又署齐大，湖南湘潭人。他一生以作画为生，曾被聘为美术教授，后担任中央美院名誉教授、美协主席、中国画院名誉院长等。1953年被文化部授予"中国人民杰出的艺术家"称号，获1955年度国际和平奖金。

齐白石一生绘画逾万，最擅花鸟虫鱼，也作山水、人物画。他的画作得于自然，不拘绳墨，富于天趣，浑厚朴拙而又生气盎然。大散文家秦牧在《艺海拾贝》中曾提到，他在厅堂里挂的一幅齐白石的《虾趣》，竟让到他家担绿肥的农妇瞥见而挑着担子驻足细看。齐白石的画作，在20世纪初还只值几元、十几元一幅，大师还曾以画作给家中工人代付工钱。到近十多年，收藏大热，艺术品市场名家画价飙升，齐白石的一幅仅10平方厘米的工笔画《蝇》，竟然拍卖出20万元的大价；在2006年春季拍卖会上，中贸圣佳拍卖公司推出他的一幅立轴《看山寻句》图，拍出308万元；中国嘉德拍卖公司推出他的《溪桥秋柳》条幅，落槌价是269.5万元。现在，齐白石的画，只要是精品，动辄都以百万元起拍，且成为收藏家争逐的目标。

笔者收藏的这方署款"白石老人"的端砚，虽不可能有老人画作的身价，但砚面有画，砚背有字，也自有值得鉴赏的价值。此砚（见图）长方形，长21厘米，宽13.5厘米，高2.4厘米，重1780克。砚材为上佳水岩端石，颜色青黑中透紫蓝，石质细腻柔润，抚之如绸缎，按之现掌印，有翡翠斑、翡翠点、青花、金线等优良石品。砚面四周起细缘，砚额处凹凿为池，池中浅浮雕水浪，高浮雕云、月、荷叶、双鲤鱼，荷、鱼的形态颇具白石水墨画的神韵。砚背留宽缘，覆手处阴刻篆书大字铭文"知鱼"，署款"白石老人年八十一"，钤一篆印"齐大"。字体为齐白石常书风格，苍健老辣，筋力弥满，所刻运刀坚定斩截，如见白石篆印骨格。此砚名坑名石，名人之画与字，名人之款与印，众美兼具，实是一方不可再得之名砚。

笔者曾想，白石翁辞世仅五十余年，他的物品何以就流散民间？此砚如此精美，竟也有幸走进了读浪室之中？一次偶然看到的电视新闻，消释了我的疑问。那是2007年5月31日中央电视台经济频道的一条午间新闻消息，说的是北京保利拍卖公司在2007年春秋拍卖会中，上拍了齐白石曾使用过的70余方印章。其实，世间万物，有聚必有散，尊贵如皇冠宝石，卑贱如农夫铁锄，不也有出现于拍卖会上、废品站中的经历吗？白石老人这方砚台，被尊崇于读浪室明窗之下、典籍之间，不也是"得其所哉"！

这方砚保藏于一个原配的紫檀匣内，匣子镶嵌着由精致的螺钿组成的花鸟，也是一件令人爱赏的艺术品。

据新华社消息，2007年9月，湖南省湘潭市将举办大型的齐白石文化节。届时，将会展示齐白石创作的大批艺术精品，赴湘参加活动的文化人士定将大饱眼福。笔者无缘，唯有在南粤的北江河畔，拂拭宝砚如弹拨瑶琴，寄上对文化巨人追慕的一丝心曲，关山遥遥，此心念念，白石老人其能鉴之乎？读者诸君其能鉴之乎？

翰林谁识鬻书时
——近代·孙智敏夔纹砚

端砚的石质，以老坑（水岩）为上乘。老坑之石自晚唐前后开采之后，历朝历代又开又闭，时竭时复，到清代光绪十五年(1889)，由两广总督张之洞亲自批准和支持当地砚工重新开采，是史有所载的中国封建时代最后一次有计划、有组织、有规模的老坑采石行动。对于端石尤其是老坑石的开采，可谓代代孜孜以求，前人早有"有尽石，无已求"的感叹。清初著名书画家杭世骏批评说："唐宋以来，暴殄取之，迄无宁岁。"而老坑石难得，亦成为历来好砚者的话题。宋代米芾说："斧柯（指水岩）绝难得。"同是宋代的高似孙亦说："端岩……穴中不可睹，但扪采之，日不过数石。工在洞，别其精粗，有累日不得一佳石者。"到了明代，高濂在《遵生八笺》中说："下岩之石，今则绝无，有则希世之珍也。"在清代，连乾隆皇帝也感慨"旧坑端石今希有"，"搜寻内库获以苟"——在皇宫内库也只找到那么几块，勉强算数吧！

事实上，在"唯有读书高"的封建社会，能拥有一方水岩端砚，岂止"文思荒塞，用水岩辄开"（清·黄钦阿语），简直可以作为地位和身份的象征，作为进贡朝廷和达官显贵的贡品，作为馈赠至爱亲朋的珍贵礼物，这在砚史上可谓不绝于书。笔者在这里要介绍的，正是一方由前清翰林赠送京剧大师周信芳的端溪水岩大砚。

这方夔纹大砚为长方形

(见图),长30厘米,宽19.9厘米,高2.9厘米,重4800克。砚材为水岩端石,色泽青紫中透蓝,石质细致中见润,有鱼脑冻及五颗石眼,石眼不是鸲鹆眼等佳眼、活眼,但却分赤、黄、绿三色,有点奇异。砚面留细缘,砚额下凿如意形深池,池下为圆形微洼砚堂;池与堂左右浅浮雕夔龙纹,图案典雅大气,几颗石眼点缀其间,如夜空之星辰,分外抢眼。砚背平坦,不起缘,刻有楷书铭文:"文章或论到渊奥,意气相与披胸襟。"署有上款"信芳仁兄雅玩",下款"癸未仲春孙智敏",钤一篆印"孙"。

据《中国美术家人名辞典》,孙智敏(1881—?)字廑才,斋名知止居,杭州人。光绪二十九年(1903)癸卯科二甲第42名进士,入翰林。曾任浙江高等学堂及两级师范学堂监督(即校长)。擅长书法,书出钟繇、王羲之,略参李邕,最工端楷,巨细皆能,老而不失娟秀。老年居沪,以鬻书为生。

从孙智敏的简单传略,我们可知他年青时(23岁)中进士,入翰林,绝对是读书人中的佼佼者。工书法,老年以卖字为生,晚景令人叹惜,竟

至不知所终——何时辞世已不可考。一代"翰林公"以这种形式谢幕,多少有点凄凉况味。

砚背署款"癸未"即1943年,时孙翰林63岁。"信芳仁兄"应是京剧表演艺术家周信芳(1895—1975),其长期在上海演出。孙晚年在上海卖字,与周交往,于时于地于情于理都合,故"信芳"定为京剧大师周信芳应无疑义。是孙翰林在人生失意之时,以此佳砚遗送给周信芳,又让人感受到一种"宝剑穷途赠故人"的况味。

漫抚这样一方水岩端砚,两层人生况味,油然泛上心头,是酸?是涩?读者自可体会。

如花翡翠饰山居

——近代·孙智敏山居图砚

孙智敏的遗砚，由笔者收藏的有两方：一方是夔纹大砚，于1943年赠给京剧大师周信芳（见拙文《翰林E¬识鬻书时》）；另一方即是此"山居图砚"。孙为清末翰林，应也曾荣耀一时，但身逢鼎革之世，功名尽没，竟至卖字为生，寂寂无闻，老死闾巷而人不知其所终，身世浮沉，似也足令后人一叹。所幸者，翰林留下这两方文房珍砚，倒值得我们摩挲把玩，从中感受一脉近古的文化气息。

山居图砚（见图）呈长方形，长27.7厘米，宽15.3厘米，高3厘米，重3000克，配以厚实红木匣保存。砚材为上佳端溪石，石色紫中微赤，石质细腻润泽，有丰富的翡翠斑、玉点、金线、火捺等名贵石品，构成十分悦目的图案。砚面四周留细缘，上部辟一框，框内镌一"山居图"，其下为平坦开阔的砚堂。砚背留宽缘，缘内凹下为覆手，上刻一副楷书对联，联文为："文章或论到渊奥，意气相与披胸襟。"署款"孙智敏"，钤一圆形篆印"孙"。

这方砚最值得把玩欣赏的有三方面：

首先是极佳的端石石质石品。触之如冰，抚之如缎，按之如潮，已具端石本质之美。且又石品缤纷，翡红如血，翠绿如玉，火捺如焦，如古人所说的"纯深秀嫩，一片真气，如新泉欲流，又如云霞氤氲，温柔长暖，斯为石之髓"（清•朱栋《砚小史》引《石语》）。此砚之石质石品尤其是石品所呈现的图案色泽，其佳其妙，在芸芸端砚中实不多见。

其次是砚面上山居图的画工雕工，也堪称上乘水准。一瞥之时，恍如砚上镶嵌了一幅立体画，远天流云似带，云下苍穹深阔，近处古松如虬，松下巨岩突兀，岩脚屋宇蹲伏，境界幽深静默，令人肃然；细看之下，镌工之细致入微，形神俱到，又令人惊叹：岩石之骨格如盘如踞，古松之枝干如鳞如甲，石根入地，松叶拿云，深浅高下的浮雕、圆雕、透雕交叉运用，真是达到了出神入化的境界，生发出一种"白云深处有人家"的诗情画意。赏此砚，可说砚中有画，画中有诗，良堪品味。

再次是此砚的铭文"文章或论到渊奥，意气相与披胸襟"，也颇值得赏读。砚主是封建时代万人仰慕的翰林公，读书人中的佼佼者，学富五车，才高八斗，文不加点，倚马可待，都不在话下，故"文章或论到渊奥"，既是自许，也是实情。下句"意气相与披胸襟"，应是砚主性情度量的剖白，想来孙老前辈也是性情中人，豪爽率真，好结交，重然诺，是他为人的风格。从他晚年与名伶周信芳交往并向之赠砚，可见一斑。

顺便要说的是，笔者所藏孙智敏两砚的铭文都是同一联语，这也是前人铭砚的一个特点，即凡自己喜好的文字，不吝反复多次镌刻，孙也有此嗜好。铭文的一笔王体书法，功力深厚，在晚清科举应试馆阁体盛行之时而不随流俗，笔下直追晋唐，卓然如见古人风骨，捧读思之，好书法者自会感佩有加。

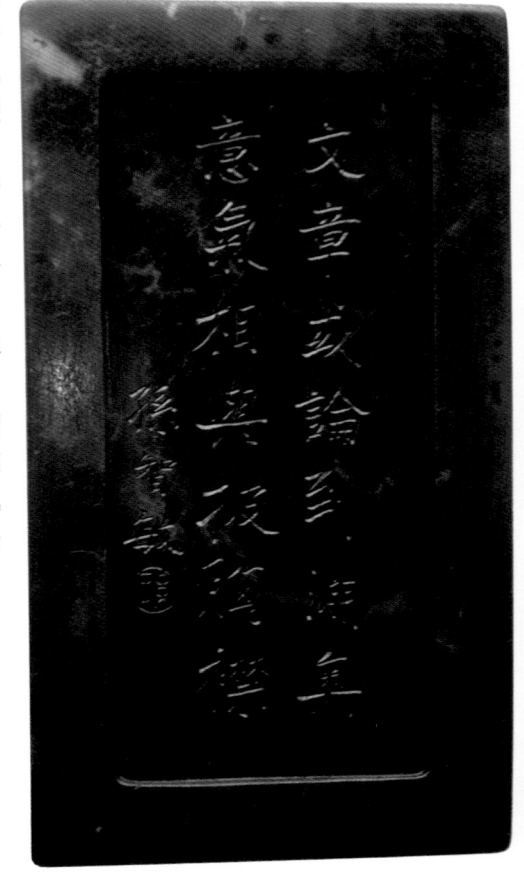

后　记

收藏古砚，已经近二十年，先后收藏的古砚有三百多方。前几年在研究自己藏砚的基础上，撰写了一系列文章，编印了几本拙著。很多朋友对我的藏砚赏爱有加，并问到我的收藏心得。

从少年时代起，我便是中国历史和文化的钟情者，爱之久，亦爱之深。又由于长期从事宣传和文化工作，"案头岁月，笔墨生涯"，就是我的人生写照。因此，我一直很想为弘扬中国的历史和文化做一点力所能及的工作。虽写了不少诗词文章，也出了十多部著作，但我意犹未尽。古砚进入我的视野并吸引我投身其中，正是顺理成章的一项自感愉悦的工作。

我之所以收藏古砚，不仅仅是为了保存它们曾经作为文化工具、文化载体的物质形态，当然这也很有必要，这是在保存一种史证，但我更希望通过自己的查探与发掘，揭示它们所代表的传统文化的精神内涵，阐扬先哲前贤的怀抱寄托，完成一种人文传承，为古砚爱好者和研究者架起一座桥梁。

当今已出版的所能见到的各种砚谱砚书，大多吝惜笔墨，介绍简略，使读者有临渊羡鱼、望梅止渴，或浅尝辄止、未得真味的遗憾，尤其一些镌有名人名款或铭文的古砚，不是点到即止，就是略而不谈，难露秘笈，既令人神摇心动，又让人有雾中观花、镜中对影之叹。

我觉得，要为古砚"立此存照"，还应该图、文并重。图固然直观重要，文更应该是探骊取珠的引导。古砚的规格、石质、形制、雕工、纹饰、铭文、款识、书法、绘画，等等，除了借助照相或拓印技术展示其"形"之外，文字的阐述，更可以在"砚外"下工夫，溯其历史，叩其主人，寻其风尚，求其精华，品其韵味，直取其"神"，作一次上下古今、出入内外的鉴赏。唯如此，读者就无须仅凭一斑窥豹，而直可登堂入室，尽情欣赏了。

在古砚欣赏中，读者很注意的还有署款铭文中出现的人名字号。对此，我都千方百计征引典籍，核生年，查出身，述功名，考业绩，明著作，知地位，识影响，甚至撷趣闻，搜逸事，网罗汇聚，敷衍成文，力求

多一点史料性,多一点知识性,多一点趣味性,多一点可读性,让寄寓在古砚上的前代贤哲,能够比较具体形象鲜活地出现在读者审美的目光中。这样做,我想读者是会欢迎的。

古砚的署款,不论是年代或人名字号,是古砚鉴赏中的一个重点,也是一个难点。说它是重点,是因其可以证实古砚的历史和归属,这是古砚的人文焦点所在,因之使古砚的历史价值倍增,其让人抚摸不已、遥思遐想者也在此。说是难点,则是因其真伪待辨,往往令人搔首瞠目,尤其是一些大名人款识,在让人心中一震之余,立即就会浮现疑问。这就必须进行深入的鉴别和考量,以求得到近于正确的结论。

在我所收藏的古砚中,自然有令我一见倾心、赏玩不已的佳品、精品。但无庸讳言,也有个别移刻名人砚铭的仿品、铭文粗拙的次品。不过,这类砚尽管存在缺憾,其为古砚则无疑,其为佳石亦可肯定,因此,自有其欣赏价值,尽管不能与名人砚中的真品、精品并肩而论,将其一并收录,也可以让读者一广见识,提高辨别妍媸的能力,或从媸中见出妍处,也未可知。

古砚如碑,铭刻着前人的功名事业、理想追求,也铭刻着千年历史、百代沧桑。我爱砚,藏砚,研究砚,并为之做了大量的工作,注入了一番心血。其结果,就是自己书案上多了《百砚赏咏》、《百砚赏评》、《百砚赏记》几本书稿。而现在呈现在读者面前的书稿,所选文章就是从《百砚赏记》中选编而成。这些文章各自独立,都以其中某一方砚为轴心组织文字,可以说是某一方砚的"传记"。难怪有朋友不经意地说:"这也可算是中国古代文人砚的'列传'了!"令我诚惶诚恐。

我觉得,为传世的中国古砚中的精华部分,给一个"文人砚"的名号,是恰如其分的,虽不是什么发明,却也避免了笼统的"古砚"称谓的平淡和乏味,也算是收藏和研究古砚的一得吧!感谢本书的责任编辑黄晓彦先生认同"文人砚"这个称谓,并为之努力推介,尤其感激其在成书过程中所作的十分辛劳的审编工作!

我为能够将自己的藏砚与心得,在更广大的范围内让读者朋友共赏而高兴。也希望得到专家和同好的批评指教,使自己的水平进一步提高。

邱紫波

2011年2月22日于读浪室